KB205365

하나님의 게임체인저
: 불꽃세대

하나님의 게임체인저 : 불꽃세대

초판 1쇄 인쇄 2022년 6월 27일
초판 1쇄 발행 2022년 7월 1일

지은이 김현철
펴낸이 유동휘
펴낸곳 SFC출판부
등록 제104-95-65000
주소 (06593) 서울특별시 서초구 고무래로 10-5 2층 SFC출판부
Tel (02)596-8493
Fax 0505-300-5437
홈페이지 www.sfcbooks.com
이메일 sfcbooks@sfcbooks.com
기획·편집 편집부
디자인편집 최건호
ISBN 979-11-87942-67-2 (03230)
값 15,000원

하나님의
게임체인저
:불꽃세대

김현철 지음

SFC

GAME CHANGER

⊶ 목차 ⊷

세상의 거대함을 하나님의 거룩함으로 판세를 뒤집을 게임체인 저가 필요합니다. 성경은 게임체인저들의 이야기입니다. 저자는 탁 월한 스토리텔러답게 살아 있는 언어로 독자의 시선을 성경의 게임 체인저에게 집중하게 합니다. 책을 읽다보면 나도 게임체인저가 되 고 싶다는 거룩한 욕망이 불꽃처럼 일어납니다. 책을 눈으로 읽고 있는데 이상하게도 김현철 목사님이 강단에서 뜨겁게 외치는 듯 목 소리가 들리는 것 같습니다. 노답no쌀을 외치는 시대에 저자가 제시 하는 다섯 가지의 열쇠로 시대의 문제를 해결하는 다음세대가 일어 나길 소망합니다. 이 책을 손에 쥐고 있다면 당신은 이미 게임체인 저입니다.

주경훈 목사('꿈이 있는 미래' 소장)

놀라운 지점은 그것이다. 20년 전 저자가 선포하는 메시지를 들 었을 때의 열정이 지금까지 하나도 꺼지지 않고 활활 타오른다는 것이다. 그는 17년 전에 썼던 『불꽃시대를 열어가는 불꽃세대』라는 책 제목처럼 달려 왔다. 이제는 혁신으로 세상을 바꿔 가는 사람들을 지칭하는 '게임체인저'의 인생을 살아가려 한다. 허공에 맴도는 메시지가 아니라, "얘들아! 5살짜리 손녀를 둔 할아버지 목사도 불꽃같은 꿈을 잃지 않았어! 우리 함께 말씀으로 세상을 바꾸는 하나님나라의 게임체인저가 되어보자!"라고 외치는 선언문이다. 청소년뿐 아니라 하나님나라의 꿈을 꾸고 싶은 분들께 추천한다.

권오희 목사('나무와숲학교' 교장, 『괜찮아!』 저자)

코로나 19 팬데믹은 그 누구도 예상치도 원하지도 못하는 방법으로 몰아닥쳤습니다. 그 파급력은 거의 슈퍼 핵탄두급이었고, 겨자씨보다 더욱더 작은 바이러스는 한 번도 경험해 보지 못했던 불행의 그림자로 전 인류를 덮쳤습니다. 그야말로 전 지구를 'All-Stop' 시켰습니다. 여행, 문화, 경제, 정치, 금융, 스포츠 등 모든 분야를 멈추게 했습니다. 심지어 영혼과 심정을 다루는 분야인 종교에서조차도! 그 무서운 힘에 의해 어쩔 수 없이 교회도 힘없이 흔들리고 있었습니다. 바로 그때 겨자씨처럼 작은 불꽃으로 시작하며 전국 방방곡곡 한국교회에 희망과 대안의 씨앗을 심으며 다니시는 게임체인저가 있었습니다. KOSTA의 가장 충성된 섬김이시며 청소년을 품고, 교회학교를 품고 평생을 고민하고 연구하고 몸부림치며 사명의 길을 걸어 오신 김현철 목사님은 이 시대의 불꽃심장이자 하나님의 게임체인저라고 감히 소개하고 싶습니다. 절망이 선포된 이 시대에 하나님의 대반전을 선포하는 김현철 목사님의 『하나님의 게임체인저』를 두 손 모아 추천합니다!

유임근 목사('KOSTA' 국제 총무)

수렵 시대에는 불과 창을 잘 사용하면 되었고, 농경 시대에는 쟁기를 잘 사용하면 되었다. 제1차 산업혁명 시대에는 기계를 잘 다루면 되었다. 제2차 산업혁명 시대에는 전기를 잘 다루면 되었다. 제3차 산업혁명 시대에는 정보를 잘 다루면 되었다. 제4차 산업 혁명, 메타버스 시대에는 어떤 사람이 이 세대를 잘 이끌 수 있을까? 이 책은 시대를 막론하고, 어떤 존재가 세대를 이끄는지 그 숨겨진 원리를 누설한다. 저자는 이 시대에 꼭 가져야 할 다섯 가지 요소를 말한다. 이는 다음 세대뿐만 아니라 부모 세대도 가져할 내용이다. 책을 통해 나 자신은 다섯 가지 요소(자존감, 비전, 완전한 준비, 하나님의 졸업 고사, 헌신)를 잘 갖추고 있는지 반추하면 좋겠다. 무엇보다 세상체인저가 되어야 하는데, 여전히 세상중독자로 살고 있지는 않은지 숙고하기를 바란다. 다음 세대를 섬기는 목회자가 읽으면, 시대를 바라보는 눈이 열릴 것이다. 부모, 교사, 리더가 읽으면, 다음 세대를 보는 눈이 더욱 촉촉이 젖어 들 것이다. 다음 세대가 이 책을 읽는다면, 눈에서 불꽃이 튀게 될 것이다. 일독을 권한다.

김영한 목사('Next 세대 Ministry' 대표 및 '품는 교회' 담임)

한결같이 따뜻하게 청소년들을 가슴에 품고 그들에게 마음을 담아 가슴으로 외치는 메세지들이 다시 한 번 하나님의 게임체인저로 업그레이드되어 출판됨을 진심으로 환영합니다. 김현철 목사님의 이전『불꽃세대』도 추천을 했었습니다. 지난 이십여 년을 청소년을 위해 함께 나누면서 저자가 진심으로 써 내려간 이 글이 얼마나 많은 청소년들에게 희망과 격려가 될지 미리 짐작하며 기뻐합니다. 진심으로 현장에서 청소년들을 사랑하는 사역자의 가슴으로부터 외친 메시지들이 많은 분들께 큰 은혜가 되길 기도하며 강력하게 추천합니다.

홍민기 목사('라이트하우스무브먼트' 대표, '브리지임팩트사역원' 이사장)

한국교회 다음세대 사역의 현장에서 언제나 시대를 한 발짝 앞서 나가며 길을 만들어 가시는 선배님이신 김현철 목사님의 앞선『불꽃시대를 열어가는 불꽃세대』가,『하나님의 게임체인저』로 다시 세상에 나왔습니다. 길을 몰라 방황하던 누군가가 지도를 보고 차분히 길을 찾아가듯이, 이 시대에 어떻게 한국교회의 다음세대 사역의 현장을 만들어 갈수 있을지 고민하는 사람들이 이 책을 통해 다시 한 번 바른 길을 찾을 것 같습니다. 진심으로 한국교회의 교회학교 사역자님들과 모든 선생님들, 또 믿음의 부모님들에게 추천하며 응원의 마음을 보냅니다. 저도, 우리도 이 시대에 하나님의 게임체인저로 잘 쓰임 받기를 소망해 봅니다.

임우현 목사(유튜브 '번개탄 tv' 대표)

모든 하나님의 사람은 자기 시대와 자기 세대에 대한 영적 책임이 있습니다. 얼마든지 회피하고 도망할 수 있으나, 역사는 직면하고 도전하는 사람들에 의해 발전해 왔습니다. 교회가 세상 속에서 제 역할을 다하지 못한다는 비난이 거셉니다. 하나님의 나라가 흥왕케 되기보다는 침몰하는 듯한 시대입니다. 이 세대는 마음에 하나님 두기를 싫어하는 세대와 같이 보입니다. 그러하기에 이 시대에 진정한 '게임체인저'가 더욱 절실히 필요합니다. 김현철 목사님은 시대와 세대에 대한 부르심에 끊임없이 도전하는 분입니다. 이 책 역시도 그러한 도전으로 새롭게 펴내시는 것이라 믿습니다. 이 책을 읽으시는 많은 분들이 가슴에 우리 시대와 세대를 향한 도전의 불꽃이 다시 타올라 역사의 반전을 만들어 내는 '게임체인저'들이 되시리라 확신합니다!

윤은성 목사('한국어깨동무사역원', 'ARCC 연구소' 대표)

새로운 시대의 문을 여시는 하나님을 기대합니다. 저자는 하나님께서 새로운 시대의 문을 여실 '키 메이커'시라고 한다. 그렇다면 그 열쇠는 누구인가? 우리는 하나님의 자녀이고 또한 도구이다. 김현철 목사님은 새로운 세상을 만들기 위한 도구로 다음세대를 준비하시는 하나님을 기대한다. "세상을 주도하지 못하면 세상을 읽어야 한다."라는 말이 있다. 하나님께서 세상의 주인이시다. 그렇기 때문에 하나님께서 하시는 일을 읽기 위해 하나님께서 준비하시는 사람을 기대한다. 그들이 바로 저자가 이야기 하는 '게임체인저'일 것이다. 저자는 청소년들이 하나님의 뜻을 이해할 수 있도록 쉬운 글로 설득하고 있다. "바로 네가 하나님께서 준비하시는 게임 체인저야"라는 말이 들리는 듯하다. 꿈이 없는 세대에게 저자의 진정성 있는 외침은 큰 울림으로 다가가리라 믿는다. 2022년 청소년들에게 꼭 선물해야 할 것이 있다면 바로 이 책을 추천한다.

마상욱 목사(사단법인 '청소년 불씨운동' 대표)

저자는 지난 2005년에『불꽃시대를 열어가는 불꽃세대』를 출판하여 힘든 상황 속에서 절망하던 다음세대들을 위로하고 새 힘을 주었고, 그 해 한국기독교출판협회 청소년 부분 대상을 받았다. 이제 17년이 지난 오늘의 상황을 반영하여, 이 시대를 영광스러운 기적의 시대로 만들기 위해서 청소년들은 다섯 개의 열쇠가 필요함을 이야기 한다. 그리고 하나님께서 사용하시는 게임체인저는 다섯 개의 열쇠를 모두 준비해야 함을 강조한다. 자존감, 비전, 완벽한 준비, 하나님의 졸업고사, 헌신이라는 다섯 개의 열쇠를 준비할 때 우리의 다음세대는 이 시대에 하나님께서 사용하시는 게임체인저가 될 것임을 제시한다. 저자는 늘 그랬듯이 시대의 변화를 정확하게 이해하고 이 시대에 필요한 다음세대의 변화를 통전적으로 제시함으로써, 다음세대 자녀들에게는 무엇을 준비해야 하는지를, 목회자와 부모, 교사들에게는 다음세대 자녀들을 어떻게 양육해야 하는지를 알게 하는 매뉴얼을 제공하고 있다. 한국교회의 희망인 다음세대 자녀들과 한국교회 다음세대의 회복과 부흥을 소망하는 모든 사람들이 꼭 읽어야 할 최고의 지침서가 될 것을 확신하고 강력히 추천한다.

전경호 목사('다음세대코칭센터' 대표)

코로나 19로 인해서 다음세대들의 영적인 상태는 바닥까지 내려와 있다. 이대로 계속 간다면, 이 나라 교회의 미래는 완전한 암흑기에 접어들 것이다. 지금 필요한 것은 '게임체인저'다. 지금의 모든 불안하고 어둡고 힘든 분위기를 한 방에 바꿀 게임체임저가 필요하다. 그간 기독교 역사를 보면 하나님께서는 때마다 게임체임저를 통해서 흐름을 바꾸셨다. 게임체임저로 인해서 위기 속에서 반전을 찾았고 다시 재도약을 하였다. 바로 지금 게임체인저가 등장을 해야 할 것이다. 『하나님의 게임체인저』를 읽어 보면 이 시대의 청소년들이 게임체인저가 될 수 있는 비법이 나와 있다. 겉으로는 아무리 연약해 보일지라도 하나님께서 사용하시면 누구든지 게임체인저가 될 수 있다. 이 책을 읽고 비전을 품는 청소년들이 이 땅의 게임체인저가 될 것이다. 그래서 다시 한 번 이 땅의 다음세대에 부흥이 일어날 줄 믿는다. 게임체인저들이 부흥세대를 이끌 것이다.

이정현 목사('청암교회' 담임, '개신대학원대학교' 겸임교수)

참으로 절망적인 시대입니다. 그 어디를 봐도 희망이 보이지 않습니다. 그러나 걱정하지 마십시오. 하나님께서는 우리가 어떤 시절과 계절을 만나더라도 그 시기마다 게임체인저를 허락하셔서 그 막막한 상황을 바꾸고 변화시킵니다. 그 게임체인저가 누구인지, 그는 어떤 인격과 믿음을 소유한 사람인지, 그가 무슨 역할을 감당하는 지를 확인하고 싶은 사람들은 이 책을 잡으십시오. 무엇보다 하나 님 앞에서 이 시대를 위한 게임체인저로 쓰임받기 원하는 사람들은 무릎을 꿇고 이 책을 정독하십시오. 걸어가야 할 방향과 목표가 여 러분의 영혼의 눈에 선명하게 보이게 될 것입니다.

김관성 목사('행신교회' 담임)

'하나님의 게임체인저' 책 제목을 보면서 저자인 김현철 목사님 을 표현한 제목이라는 생각이 들었습니다. 김현철 목사님은 하나님 앞에 헌신된 게임체인저로 살아가기 위해 부단히 노력하시는 귀한 목사님입니다. 그리고 불꽃이 튀는 열정의 사역자입니다. 어려운 시 대 가운데서 하나님께서는 사명감에 불타는 게임체인저들을 찾고 계십니다. 이 책을 읽으면 어떤 사람이 하나님께서 세우시는 게임 체인저가 될 수 있는지, 하나님 역사의 도구로 쓰임 받는 게임체인 저가 되기 위해서는 어떤 준비와 노력을 해야 하는지를 자세히 알 수 있습니다. 구체적으로 저자는 자존감, 비전, 신앙, 인격, 실력, 고 난, 유혹, 헌신이라는 키워드를 가지고 게임체인저가 되기 위한 구 체적인 노하우를 자세하게 풀어서 우리에게 제시해주고 있습니다. 저자는 말합니다. "게임체인저는 태어나지 않고 만들어진다!" 하나 님께서 기뻐하시는 이 시대 게임체인저가 되기를 원하시는 모든 분 들에게 이 책을 강력하게 추천합니다.

김성중 교수('장로회신학대학교 기독교교육과' 교수, '기독교교육리더십연구소' 소장)

김현철 목사님과의 만남은 하나님께서 제 인생에 허락하신 가장 큰 축복입니다. 제가 청소년 시절 교회에 처음 출석했을 때 중고등부 담당교역자로서 제 신앙생활의 첫 단추를 끼워 주셨을 뿐 아니라, 다음세대 사역자로서 첫 발걸음을 내딛는 제게 바라보고 닮아갈 '큰 바위 얼굴'이 되어 주셨습니다. 그리고 지금도 저의 서재 가장 잘 보이는 곳에 꽂혀있는 목사님의 저서인『불꽃시대를 열어가는 불꽃세대』를 읽으면서 청소년 사역을 시작한 저이기에, 이번『하나님의 게임체인저』의 출판은 무엇보다 반갑고 감사한 소식이 아닐 수 없습니다. 하나님과 그분을 위한 비전이 부정당하는 이 세대 가운데, 이 책이 결정적인 게임체인저로 쓰임받길 기대하고, 이 책과의 만남을 통해 더 귀한 하나님의 사람으로 세워질 청소년들과 다음세대 사역자들을 응원합니다.

김보성 목사('울산신정교회' 담임)

하나님의 나라는 진공상태에서 세워지지 않고 우리가 살아가는 구체적인 삶의 현장에서 완성된다. 하나님의 나라는 천사들이 완성하지 않고, 하나님께서 사용하시는 사람들을 통하여 이루어진다. 하나님께서는 누구나 사용하시지만, 아무나 사용하시지 않고 준비된 사람을 준비된 만큼 사용하신다. 불꽃같은 청소년 사역자이신 김현철 목사님은 그러한 사람을 '게임체인저'라고 명명하셨다. 하나님께서 쓰실 사람은 누구이며, 무엇을 어떻게 준비해야 할 것인가를 이 책은 분명히 보여 준다. 이 책『하나님의 게임체인저』를 통하여 하나님의 나라를 일구어 갈 하나님의 사람들이 세워지기를 축복한다.

윤치영 목사('시드니 어노인팅교회' 담임, '킹덤 얼라이언스' 대표)

"SCARS into STARS." 너무나 멋진 말이다. 아팠던 그 흉터가 빛나는 별이 되다니. 이 책은 우리의 슬픔을 기쁨으로 아픔을 미쁨으로 '체인지'하는 하나님의 대반전 스토리다. 저자의 삶이 그렇고 그의 사역의 열매가 그렇다. 상처는 반드시 별이 된다. 단 전제는 '그 상처를 누가 주목하고 있느냐?'이다. 모쪼록 우리의 인생의 주권자가 누구인지, 그 대반전의 역사가 어떻게 완결되는지 이 책을 통해 확인해 보자. 벌써 가슴이 웅장해진다.

곽상학 목사('다음세움선교회' 대표)

목사님의 신간을 읽어 내려가며, 너무나도 흥미진진한 한 편의 영화를 보는 듯 했습니다. 그리고 제3자의 관점으로 바라보는 것이 아닌 내가 바로 하나님께서 찾으시는 게임체인저가 되어야겠다는 간절함과 설렘이, 책을 읽는 내내 저를 정말 흥분하게 만들었습니다. 오늘날 너무나 많은 사람들이 경쟁의식과 열등감에 사로잡혀, 여전히 나를 가치 있게 바라보지 못하는 참으로 안타까운 모습을 많이 봅니다. 우리가 하나님의 말씀을 배워야 하나님을 알 수 있듯이, 정말 행복해지고자 한다면 자존감 회복을 위한 방법을 배우고 이를 위한 시간을 확보하는 것이 매우 중요합니다. 그래서 이 책은 모든 사람들이 반드시 읽어야하는 필독서입니다. 낮아진 자존감이 회복되면 우리 삶에서는 놀라운 일들이 일어나고, 세상을 바라보는 시각과 마음이 달라지게 됩니다. 그 변화는 너무도 강력해서 내 자신도 믿지 못할 만큼 대단한 파워를 가져다줍니다. 지금도 무기력하고, 외롭고, 우울하고, 나 자신이 가치 없게 여겨지는 분들이 계시다면, 이 책을 통해 하나님께서 함께하시는 놀라운 기적을 경험하게 되실 거라 확신합니다.

이미나 대표('스파더엘' 대표)

들어가는 말

낡은 열쇠로는 새로운 문을 열 수 없다.

틀린 열쇠로는 그 문을 열 수 없다.

새로운 열쇠만이 새로운 문을 열 수 있다.

맞는 열쇠로만 그 문을 열 수 있다.

아무리 까다롭고 어려운 문이라도 열 수 있는 사람, 그 문에 정확한 열쇠를 만드는 사람이 키메이커Key-maker이다. 하나님은 탁월한 키메이커이시다. 영광되고 눈부신 영광된 시대를 여는 문을 여는 열쇠를 하나님께서는 꼼꼼하게 빚으신다. 열쇠를 빚어 가는 과정은 혹독하다. 금속을 깍고, 다듬는 과정을 통과해야 비로소 완성된다. 그 열쇠를 사용하셔서, 하나님께서는 그 영광된 문을 여신다. 오늘도 하나님께서는 영광된 시대로 가는 문을 열 사람을 찾으신다.

게임체인저들

전쟁을 끝내는 결정적인 무기가 '게임체인저Game-changer'이다 지루한 공방전의 트로이 전쟁을 끝낸 것은 목마Trojan horse였다. 임진왜란으로 인해 패망 직전까지 몰렸던 조선을 구한 것은 거북선이었다. 제2차 세계대전에서 일제의 끈질긴 저항을 끝낸 것은 원자폭탄이었다. 오랜 전쟁, 불리했던 전쟁에서 승리를 결정짓는 무기가 '게임체인저'이다. 전쟁 초기에는 밀렸다고 해도 게임체인저를 개발하고 사용하면 역전할 수 있다.

게임체인저는 비단 전쟁에서만 사용되는 그것이 아니다. 게임체인저의 사전적인 용어는 다음과 같다. "어떤 일에서 결과나 흐름의 판도를 뒤바꿔놓을 만한 중요한 역할을 한 인물이나 사건." 바퀴, 문자, 인쇄술, 증기기관차, 자동차, 컴퓨터, 인터넷의 발명은 기존의 문명을 송두리째 바꾸고 새로운 문명의 문을 연 게임체인저였다. 오랜 세월 동안 많은 이들이 고통 받았던 천연두의 문제를 해결한 제너Edward Jenner의 '종두법'과 플레밍Alexander Fleming의 '페니실린'은 일방적으로 불리했던 질병과의 전쟁을 끝내는 게임체인저였다. 스티브 잡스Steve Jobs의 '아이폰iPhone'은 문명의 역사를 송두리째 바꾸는 게임체인저였다.

하나님의 게임체인저

하나님께서는 구원 역사를 진행하실 때 게임체인저를 사용하신다. 400년간의 노예생활을 끝내는 출애굽의 게임체인저 모세, 미디안의 압제에서 이스라엘을 구원할 게임체인저 기드온, 암흑의 사사시대를 종결짓고 주의 등불을 밝힌 게임체인저 사무엘, 하나님을 모르던 이방인들에게 복음을 전하는 게임체인저 바울.

성경의 인물들만이 아니라 교회 역사에서도 하나님의 게임체인저들이 있었다. 중세의 흑암을 송두리째 깨뜨린 하나님의 게임체인저 루터Martin Luther, 노예무역이라는 영국의 범죄를 멈춘 하나님의 게임체인저 윌리엄 윌버포스William Wilberforce, 고통 속에 있는 사람들에게 복음을 전한 허드슨 테일러Hudson Taylor, D. L. 무디Moody, 짐 엘리엇Jim Elliot. 이들 각자는 모두 하나님께서 명하신 곳으로 파송된 게임체인저들이었다.

전쟁사에서는 엄청난 무기들을 보유하였어도 막상 전쟁에서는 패배하는 경우들이 있다. 제2차 세계대전을 일으킨 나치Nazis는 가공할 엄청난 무기들을 발명하고 실전에 투입하였다. 나치의 공군은 '슈투카Stuka, Ju-87'라는 전투기를 개발하여 공중전에서 압도적인 우위를 선점했다. 나치의 육군은 티거Tiger 탱크 시리즈를 개발 투입하면서 지상전에서 연전연승을 거두었다. 나치 해군에서 운영한 잠수함 유보트U-boat는 제해권을 완벽하게 장악하였다. 나치는 육해공군이 상대를 압도하는 탁월한 무기들을 보유하였지만 결국 패전하였다.

하지만 하나님께서 선택하시고 사용하시는 게임체인저는 결코 패배하지 않는다. 하나님의 게임체인저는 그 어떤 불리한 상황에서도 반드시 승리를 쟁취한다. 하나님께서 사용하신 게임체인저들은 하나님의 역사를 열어 가는 열쇠였다.

게임체인저를 찾으시는 하나님

각 시대마다 하나님께서는 그 시대의 치열한 전투를 끝내실 게임체인저를 세우신다. 하나님의 게임체인저는 하나님께서 찾으시고, 하나님께서 부르신다. 그들의 처음 모습은 무기력하고 초라하게 보여도 하나님께서 그들을 최종병기로 만드신다. "여호와의 눈은 온 땅을 두루 감찰하사 전심으로 자기에게 향하는 자들을 위하여 능력을 베푸시나니"역대하16:9

모세가 하나님의 백성을 출애굽시키는 일에 스스로 자원한 것이 아니었다. 모세가 사용한 능력은 그 자신이 준비한 것이 아니었다. 모세가 애굽에서 받았던 제왕수업도 아니고, 광야에서 단련한 기술들도 아니었다. 광야에서 잊혀 가던 모세를 하나님께서 찾아내셨다.

기드온은 극히 이기주의적이며 소심하고 열등감이 가득하였다. 기드온은 동족들의 고통은 아랑곳하지 않고, 자기의 먹을 것에만 관심이 있었다. 기드온은 미디안과 싸울 때 개인의 전략이나 기량으로 맞서지 않았다. 하나님께서 기드온을 찾아가셨다.

바울은 교회와 성도를 핍박하러 가던 다메섹 원정길에서 주님을 만나 그 삶이 달라졌다. 바울은 교회와 성도를 핍박한 과거 때문에 스스로 아라비아 광야로, 고향 다소로 가서 칩거하였다. 바울을 하나님께서 부르시고 열방에 복음을 전하는 그릇으로 사용하셨다.

게임체인저를 사용하시는 하나님

하나님의 게임체인저는 개인의 능력이나 힘으로 싸우지 않는다. 하나님의 게임체인저는 하나님께서 공급하시는 그 능력으로 싸운다. 하나님의 게임체인저는 승리가 결정된 싸움을 확인하는 영광을 누리게 된다. 하나님께서는 모세에게 하나님의 특별한 능력을 쏟아부어 주셨다. 모세의 막대기는 목자의 낡은 막대기였지만 하나님의 지팡이가 되었다. 그 하나님의 지팡이로 강, 바다와 사막과 하늘을 다스리고 지배했다. 수많은 위기마다 모세는 하나님의 게임체인저로서 사명을 감당하였다.

심약한 기드온을 하나님께서 붙드실 때 그는 하나님의 불과 칼이 되었다. 소수의 병력인 300명이 항아리에 불을 담고 13만 5천 명의 대군을 충돌했다. 그 하나님의 불이 모래알처럼 많은 미디안군들을 격파하는 영광을 경험했다. 결코 이길 수 없는 전쟁을 기드온은 하나님의 게임체인저로서 승리하였다.

로마로 가는 죄수신분의 바울을 하나님께서는 풍랑을 이기는 열쇠가 되게 하셨다. 바울은 배와 선원들과 탑승자들을 삼킬 거대한 풍랑 '유라굴로'를 압도했다. 거센 광풍의 공포에서 일행들을 안심시킨 이는 선원이나 관원이 아니라 바울이었다. 바울에게 특별한 항해술이 있거나, 날씨를 읽는 능력이 있어서가 아니었다. 바울은 거친 풍랑 속에서도 하나님의 임재를 보았고, 하나님의 음성을 들었기 때문이다. 하나님께서 동행하신 게임체인저 바울의 인도를 따를 때, 모두가 안전히 구원받았다.

최고의 게임체인저, 예수 그리스도

하나님께서 보내신 게임체인저들 중 최고는 예수 그리스도이시다. 예수님께서 무기력하게 십자가에 달리실 때에 주변 사람들은 이제 끝장이라고 생각했다. 심지어 예수님의 제자들도 깊은 상실감으로 뿔뿔이 흩어졌다. 십자가에서 너무도 무기력하게 예수님께서 죽으셨다. 그분 시신이 무덤에 매장되면서 어두움과 죄악이 완벽하게 이긴 듯 보였다.

그러나 하나님의 절대적 게임체인저이신 예수님은 오히려 구원의 역사를 완성하셨다. 십자가에 죽으심으로 예수님은 완벽한 패배를 한 것처럼 보였다. 예수님께서는 그 누구도 이길 수 없는 듯했던 죽음의 권세를 깨뜨리시고 부활하셨다. 십자가에서 예수님께서는 발뒤꿈치를 상하셨지만, 사탄은 머리가 깨졌다. "내가 너로 여자와 원수가 되게 하고 네 후손도 여자의 후손과 원수가 되게 하리니 여자의 후손은 네 머리를 상하게 할 것이요 너는 그의 발꿈치를 상하게 할 것이니라 하시고"창세기3:15

나무 십자가에서 하나님의 어린양으로 죽으신 예수님께서는 먼 옛날에 장대에 달린 놋뱀이 보여 주었던 구원의 계획을 완성하셨다. "모세가 놋뱀을 만들어 장대 위에 다니 뱀에게 물린 자가 놋뱀을 쳐다본즉 모두 살더라"민수기21:9 하나님께서 준비하신 구원의 게임체인저 예수님 덕분에 죽음이 왕 노릇을 하던 세상에서 영원한 생명의 역사가 승리를 거두었다. 예수님께서는 하나님의 가장 완전한 게임체인저로서 역할을 다하셨다.

지금 시대의 게임체인저

하나님께서 선택하시는 하나님의 게임체인저를 그 누구도 맞설수 없다. 하나님께서 사용하시는 하나님의 게임체인저를 그 어떠한 것도 이기지 못한다. 하나님의 게임체인저를 하나님께서 발굴하시고, 하나님께서 무장시키시기 때문이다. 하나님의 게임체인저는 하나님께서 함께 계셔서 끝내 이기게 하시기 때문이다.

하나님께서는 과거의 하나님만이 아니라, 지금 여기의 하나님이시다. 하나님의 역사는 완료형이 아니다. 하나님의 기적은 성경 속에 갇혀 있지 않다. 하나님의 승리는 과거 안에 묻혀 있지 않다. 하나님의 역사는 지금의 자리에서도 진행된다. 하나님의 기적은 나의 환경에도 열려 있다. 하나님의 승리는 현재 상황 안에서 작동한다.

하나님께서는 지난 시대에 게임체인저를 부르시고 무장시키시고 사용하셨다. 하나님께서는 지금의 시대에도 하나님의 게임체인저를 부르시고 사용하신다. 하나님께서는 이 시대의 게임체인저를 찾으시고 새로운 역사를 완성하신다. 하나님께서는 게임체인저를 그냥 내버려 두지 않으신다. 하나님께서 책임지시고 완성하신다. "너희 안에서 착한 일을 시작하신 이가 그리스도 예수의 날까지 이루실 줄을 우리는 확신하노라"빌립보서1:6

우리가 살고 있는 현재에도 수많은 세력들이 악을 행사하고 있다. 온갖 불법과 사악함이 강력한 영향력을 행사하고, 죄악이 세상을 다 삼킬 듯이 보인다. 심지어 교회마저도 흔들리고, 그릇된 가치관들이 세상을 뒤덮는 것처럼 보인다. 이러한 시대 상황에서 생존하려면 경쟁자들을 압도하는 능력을 갖추라고들 한다. 시대가 요구하는 조건은 갈수록 다양해지고, 높아만 간다.

세상이 요구하는 조건에 맞추려면 엄청난 스펙이 요구된다. 그러한 조건들을 확보하기 위하여 막대한 재정과 수고를 쏟아붓는다. 그 스펙을 쌓는 데 2021년에만 전년대비 21퍼센트 증가한 23조 4,158억 원이 사용되었다.[1] 이러한 기준에 미흡하면 열등감을 가지

---

1. https://www.korea.kr/news/policyBriefingView.do?newsId=156499082)

게 되며, 지레 포기하는 일들도 일어난다.

　이러한 상황에서 반드시 기억해야 할 것이 있다. 하나님께서는 지금도 하나님의 게임체인저를 찾으신다. 하나님께서는 그에게 하늘의 능력을 주셔서 승리를 거두고 새로운 시대를 열게 하신다. 하나님께서는 하나님의 게임체인저를 만나시면 정말 기뻐하신다. 다윗을 만나셨을 때 하나님께서는 다윗을 게임체인저로 사용하기로 결정하셨다. "내가 이새의 아들 다윗을 만나니 내 마음에 맞는 사람이라 내 뜻을 다 이루리라"사도행전13:22

　하나님께서 게임체인저로 사용하시기로 결정하시면 결국 이기게 된다. 다윗은 유리한 조건에서만 이기는 것이 아니라, 불리할 때도 여전히 이겼다. 다윗이 목동 시절에는 사나운 사자도, 곰도 이겼다. 그 누구도 맞서지 못한다던 강력한 전사 골리앗도 이겼다. "또 다윗이 이르되 여호와께서 나를 사자의 발톱과 곰의 발톱에서 건져내셨은즉 나를 이 블레셋 사람의 손에서도 건져내시리이다"사무엘상17:37

　다윗이 이러한 승리를 누릴 수 있었던 것은 개인기 덕분이 아니었다. 주변 사람들을 자기편으로 만드는 능력 때문도 아니었다. 하나님께서 다윗과 함께하실 때에 이길 수 있었다. 전능하신 하나님께서 능력을 주실 때 다윗은 승리할 수 있었다. "다윗이 어디로 가든지 여호와께서 이기게 하셨더라"역대상18:13, 열왕기하18:7

　많은 사람들이 하나님의 게임체인저가 되기를 원한다. 하나님께서 사용하시는 게임체인저는 어떤 사람들인가? 뜨거운 외침, 간절한 갈망이 하나님의 게임체인저가 되는 기준이 아니다. 세상이 탐내는 조건들을 모두 갖춘다고 하나님의 게임체인저가 되는 것이 아니다. 주변 사람들로부터 더 많은 지지를 받는다고 하나님의 게임체인저가 되는 것이 아니다. 하나님께서는 어떤 이들을 사용하시는가? 하나님의 게임체인저로 쓰이기를 원하는 사람은 무엇을 어떻게 해야 할까?

이 질문에 답하기 전에 먼저 기억해야 할 조건이 있다. '하나님께서는 누구나 사용하시지만, 아무나 사용하지는 않으신다'는 것이다. 하나님께서는 준비된 사람을 준비된 만큼 사용하신다. 하나님의 게임체인저들은 무엇을 어떻게 준비해야 하는가? 하나님의 게임체인저들을 하나님께서는 어떻게 사용하시는가? 이 책은 이 문제에 대한 답을 찾는 사람들을 위하여 준비되었다.

불꽃세대와 게임체인저

이 책은 지난 2005년도에 내가 출판하였던 된 책 『불꽃시대를 열어가는 불꽃세대』를 다시 새롭게 쓴 것이다. 그해에 한국기독교출판협회 '청소년부문'의 상을 받았다. 이 책은 다음과 같은 내용을 담았다.

죄악과 불법으로 인한 흑암시대가 하나님의 광채가 빛나는 불꽃시대가 되어야 한다. 이를 위해서는 하나님의 불을 담은 불꽃세대가 필요하다. 그 불꽃세대는 하나님께서 인정하시는 사람들이어야 한다. 이 책의 영어 제목을 나는 다음과 같이 잡았다. *The 5 Keys of The Great Generation who opens The Brilliant Age.*

메타버스metaverse가 무엇인지를 가장 잘 보여 주는 2008년의 영화 <레디 플레이어 원Ready Player One>에서, 전 세계 사람들은 메타버스 플랫폼인 '오아시스OASIS'에 접속하여 시간을 보낸다. '오아시스'의 설립자인 '제임스 할리데이'는 동영상으로 유언을 남긴다. 추정 가치가 거의 600조 원인 '오아시스'의 운영권을 걸고 게임을 제안한다. '오아시스' 안에 세 개의 열쇠를 숨겼는데, 이를 찾는 자가 승자가 된다. 이러한 제안에 수많은 사람들과 대기업들이 이를 찾기 위하여 혼신의 힘을 다한다.

이 영화의 주인공 '퍼시벌'은 결국 세 개의 열쇠를 찾아낸다. 그리고 운영권을 받을 소스source, 원천의 문을 열려고 하는데, 열쇠 두 개를 꽂아도 열리지 않는다. 이 소스의 문은 열쇠 세 개가 모두 있어야만 열리게 된다. 퍼시벌은 세 번째 문을 열면서, 마침내 엄청난 규모의 오아시스 운영권을 가지게 된다.

절망뿐인 흑암시대에서 불꽃시대로 가려면 문들을 지나야 한다. 하나님의 영광스러운 불꽃시대로 가려면 노력하고 애쓴다고 되는 것이 아니다. 영광스러운 기적의 시대의 문을 열려면 다섯 개의 열쇠가 필요하다. 하나님께서 사용하시는 게임체인저는 다섯 개의 열쇠를 모두 준비해야 한다.

지금 시대의 게임체인저

나는 2005년에 힘든 상황 속에서 절망하던 다음세대들을 위로하고 새 힘을 주려고 책을 썼다. 성적 때문에 고민하고, 외모 때문에 좌절하며, 가정환경으로 절망하는 아이들에게 위로를 주고 새로운 소망을 주고 싶어서 이 책을 출판했다. 그리고 17년의 시간이 지났다.

tvN의 2016년 드라마 <시그널>에서는 이재한 형사가 20년 후의 형사에게 질문한다. "20년 후에는 뭔가 좀 좋아지고 달라졌겠죠?" 17년이 지나면서 많은 것들이 변화되었다. 그때는 '싸이월드'가 장악하던 시기였지만 지금은 메타버스가 본격화되고 있다. 그때는 애플 '아이팟iPod'이 인기를 끌었고, 지금은 아이폰 14가 출시된다. 그때는 위성 DMB폰으로 드라마를 보았지만, 지금은 '넷플릭스Netflix' 같은 온라인 동영상 서비스OTT로 최신 컨텐츠를 즐긴다. 그때는 '트라제' 같은 다용도 차량MPV이 인기였고, 지금은 자율주행차가 등장하기 시작했다.

『불꽃시대를 열어가는 불꽃세대』가 출간되고 17년이 지난 지금, 그때보다 삶은 편리해졌으나 오히려 더욱 가슴 답답한 일들은 더욱 커지고 있다. 기술과 문화는 발달하고 달라졌는데, 청춘들은 더욱 좌절하고 절망하게 되었다. 오히려, 그 당시에는 상상하지 못하였던 문제들이 충격들을 던지며 터져 나오고 있다. 게다가 코로나 팬데믹으로 더욱 움츠러들고 공포가 확산되고 있는 시대다.

게임체인저로 일어서라

갈수록 상황이 악화되는 상황에서 정말 필요한 것은 세상이 말하는 위인이 아니다. 치명적인 환경을 바꿀 사람은 사람들에게 인정받는 영웅이 아니다. 사사기의 암흑시대를 해결한 이는 이스라엘 백성들이 요구한 사울이 아니었다. 하나님의 선택은 아무도 의식하지 못하는 변방에서 거하던 다윗이었다. 다윗이 하나님께 사용될 준비를 마치자, 하나님께서 그를 게임체인저로 사용하셨다.

하나님의 게임체인저는 이길 확률이 얼마나 되는가를 계산하지 않는다. 하나님의 게임체인저는 주변의 상황에 제한되지 않는다. 상황과 환경이 아무리 불리해도 하나님의 게임체인저는 결국 기적적인 승리를 이룬다. 이 책을 읽는 모든 분들이 하나님의 게임체인저로 세워지기를 진심으로 축복한다. 하나님의 게임체인저로서 그 어떤 불리함도 넉넉히 이겨내기를 소망한다.

이러한 하나님의 게임체인저로 세워지는 데 이 책이 도움이 되기를 바란다. 이 책은 '하나님의 게임체인저'로서 무엇을 어떻게 준비해야 할 것인가를 전하려고 한다.

우리에게 주어진 단 한 번의 삶은 의미 있게 사용되어야 한다. 28살의 청년 짐 엘리엇Jim Elliot은 세상이 장래를 기대하는 엘리트였다. 그런 그는 56명의 작은 부족인 에콰도르 아마존 유역의 아우카 부족을 위해 헌신했다. 복음을 전하기 위하여 다가선 엘리엇은 결국 순교를 당하였다. 짐 엘리엇의 순교 소식을 전한 어느 신문의 표제였다. "이 얼마나 쓸모없는 희생인가." 세상은 이해를 하지 못했다. 하지만 짐 엘리엇은 굳건한 신조가 있었다. "영원한 것을 얻기 위해 영원하지 않은 것을 포기하는 자는 결코 어리석은 자가 아니다He is no fool who gives what he cannot keep to gain that which he cannot lose."

우리에게 주어진 단 한 번의 삶은, 정말 가치 있는 일에 사용되어야 한다. 우리의 삶이 가장 가치 있게 사용되는 것은 하나님의 게임체인저로 살아가는 것이다. 이 책의 모든 독자들이 하나님의 게임체인저로, 하나님의 시대를 열게 되기를 축복한다.

이 책이 필요한 사람들

이 책이 다음의 분들에게 유익하리라 생각한다. 여러 가지 상황에서 열등감과 실패감을 느끼는 '청소년들'은 진정한 자존감을 회복하고, 하나님의 게임체인저로서의 모습을 발견할 수 있다. 세상이 요구하는 기준에 자기를 맞추는 것이 전부가 아님을 '청년들'이 알게 된다. 그들이 하나님의 게임체인저로서 걸맞은 삶을 준비하게 한다. '교육부서 담당자들'은 하나님께서 그들에게 맡기신 어린 생명들을 사용하시려고 하실 때를 위해서 하나님의 게임체인저들을 준비시킨다. '담임목회자'로 하여금 하나님께서 기뻐하시는 하나님의 게임체인저들을 세워 가는 목회전략을 수립할 수 있다. '학부모'들은 자녀들을 세속의 요구 조건에 적합한 존재로 만들어가는 것이 아니라 하나님의 기준에 합당한 존재로 세워 간다. '모든 성도들'이 상황의 불리해지고 어려워져도 결국에는 돌파하고 승리하는 하나님의 게임체인저로 쓰임받기를 소망한다.

하나님의 게임체인저는 특별한 직분을 가진 사람들만이 되는 게 아니다. 그 어떤 누구라도 하나님께서 하나님의 게임체인저로 선택하실 수 있다. "누가 시대를 살리는 하나님의 게임체인저로 될 것인가?" 하는 질문에 이렇게 답하기를 바란다. "주님, 제가 하겠습니다! 나를 사용하여 주옵소서!"

감사와 축복

한 권의 책이 태어나는 것은 혼자만의 수고와 노력으로 만들어지는 것이 아니다. 펜데믹의 폭풍 속에서도, 함께 교회의 공동체를 이루어주신 행복나눔교회 성도님들, 메타버스 교회학교를 세워 가도록 함께 수고해 주시는 행복나눔교회 장로님들과 이성수, 조민철 목사님, 김현태 간사님에게 특별한 감사를 드린다. 늘 위로와 격려를 해주시는 곽상학 목사님과 함께 같은 길을 가도록 돕는 코스타의 유임근 목사님과 스텝들에게 감사를 드리며, 늘 응원해주시는 거제도의 박신명 장로님, 거창의 정성득 집사님에게도 감사를 드린다. 특히 나에게 첫 번째와 두 번째 책을 출간하게 해주고, 이번에 다시 증보판으로 책이 나오도록 섬겨 주신 내 영혼의 고향 같은

SFC 출판부에 진심으로 감사를 드린다.

이 땅에 생명으로 태어나 한 사람의 사역자가 되도록 기도해 주시는 부모님께 감사드리며, 늘 기도해 주며 응원해주는 김양수 사모에게 특별한 감사를 드린다. 또한, 눈에 넣어도 안 아플 손녀인 아진이가 새벽 이슬 같은 하나님의 게임체인저로 자라기를 소망하며, 거룩한 부모의 길을 가는 아들 보배와 혜인에게도 감사를 드린다. 마지막으로 나의 첫 책이 출판될 때 삽화를 그려 주었고, 지금은 천국에서 하나님의 아름다우심을 그리고 있을 보고픈 나의 여동생, 고 김지은 작가에게도 감사를 드린다.

이 모든 일을 가능하게 하신 모든 게임체인저들의 주인이신 주님께 모든 영광을 돌린다.

찬미 예수!

이 시대의 게임체인저들을 기다리며
율하의 서재에서

김현철

첫 번째 열쇠: 자존감

하나님의 게임체인저는
어떤 불리한 환경에서도 주눅 들지 않는다.

하나님의 게임체인저는
주변 사람들의 평가에 스스로 묶이지 않는다.

하나님의 게임체인저는
어떤 상황에서도 '미친 존재감'을 나타낸다.

1. 자존감을 깨뜨리는 공격들

나의 이마에는 흉터가 있는데, 어린 시절에 겪은 사고의 흔적이 남은 것이다. 그 상처는 아물었지만, 그 흔적은 여전히 남아 있다. 가끔 세수하면서 그 상처를 보면 그 사고가 일어날 때의 상황이 머릿속에서 생생하게 재현된다.

거의 대부분의 사람들은 신체에 다양한 흉터들이 있다. 그런데 이 상처는 육신에만 있는 것이 아니라, 마음에도 있다. 열등감, 좌절감, 실패감, 거절감 같은 것들로 불리는 정신적인 흉터들이 있다. 육신의 흉터가 사고를 당하던 순간의 나쁜 기억을 떠올리게 하듯이, 정신적인 흉터인 트라우마trauma는 때로는 정상적인 생활이 불가능하도록 심각한 지장을 준다.

하나님의 사명을 감당할 게임체인저라고 아무런 상처 없이 살아가는 것이 아니다. 다양한 상황 속에서 여러 시련을 만나서 상처들을 입는다. 그 상처들이 이따금 영적인 침체로 밀어 넣기도 한다. 때로는 더 이상 살고 싶은 생각마저 들지 않는 고난을 만나기도 한다. "형제들아 우리가 아시아에서 당한 환난을 너희가 모르기를 원하지 아니하노니 힘에 겹도록 심한 고난을 당하여 살 소망까지 끊어지고"고린도후서1:8 하지만 하나님의 게임체인저는 그 어떤 혹독한 상처에도 지배당하지 않고 자유로워진다.

1992년의 영화 <리셀웨폰Lethal Weapon 3>에서는 형사들이 각자의 흉터를 서로 자랑하는 장면이 나온다. 서로 자신이 더 힘든 사건을 겪었다고 자랑하며 그 증거들인 상처에 자부심을 가지는 것이다. 마찬가지로 의사의 가운이 수술의 흔적으로 얼룩진 것은 수치가 아니다. 환자를 위하여 최선을 다한 고귀한 수고의 증거물이다. 군인의 군복이 찢기고 너덜너덜해지는 것은 부끄러운 것이 아니다. 나라와 전우를 위해 위험을 마다하지 않은 거룩한 충성의 자국이다. 운동선수의 유니폼이 흙투성이가 되는 것은 더러운 것이 아니다. 시합의 승리를 위한 간절한 열정의 결과이다.

하나님의 게임체인저로 살아가면서 남긴 여러 상처의 흔적은 수치가 아니다. 그 흔적은 주님의 길을 따라가면서 스스로 얻은 결과이다. 그래서 바울은 자신의 상흔에 대해 오히려 자부심을 가졌다. "이 후로는 누구든지 나를 괴롭게 말라 내가 내 몸에 예수의 흔적을 가졌노라"갈라디아서6:17

(1) 과거에 발목을 잡히지 말라

천재 소년의 흉터 극복하기

매사추세츠 공과대학MIT은 뛰어난 수재들만 다닐 수 있는 특별한 학교로, 이 학교에서 수학을 가르치는 '램보' 교수는 박사과정의 학생들을 대상으로 하는 까다로운 문제를 복도 게시판에다 출제해 놓았다. 전 세계에서 천재로 인정받은 학생들이 모였다지만 그 어느 학생들도 이를 풀지 못하였다.

그러던 어느 날, 난공불락으로 여겨지던 이 문제가 풀렸다. 교수와 학생들 모두가 이 문제를 푼 사람을 궁금해 했지만 그 주인공은 나타나지 않았다. 그러자 램보 교수는 또 다른 문제를 출제하였고, 역시나 이 학교의 학생들은 문제를 풀지 못했다. 이윽고 이전보다 더욱 까다로운 이 문제도 누군가가 보란 듯이 풀어놓았다. 여전히 그 주인공을 아무도 알지 못했다.

결국 밝혀진 주인공은 MIT의 학생이 아니라, MIT에서 청소부로 일하는 청년 '윌'이었다. 뛰어난 지능을 가진 이 청년은 감정을 조절하지 못해 저지른 폭력으로 감옥에 갈 위기에 빠져 있었다. 그의 탁월한 재능을 아낀 램보 교수는 윌이 감옥에 가는 대신 상담치료를 받기로 합의를 받아 내었다. 윌은 수학뿐 아니라 탁월한 지성을 갖추었지만, 심각한 정서적 문제가 있었다. 그는 어린 시절 아버지에게서 받은 혹독한 학대로 말미암은 트라우마에 갇혀 있었다. 그 상처에 대한 반작용으로 우울함과 아픔에 지배를 당하고 있었다.

이런 윌은 진정한 스승인 '션' 교수의 자상한 배려 덕분에 비로소 과거의 사슬에서 벗어난다. 션 교수는 윌에게 지속적으로 다음과 같은 조언을 반복한다. "그건 네 잘못이 아니야It is not Your fault."

이 이야기는 1997년의 영화 <굿 윌 헌팅Good Will Hunting>의 줄거리다. 인간은 태어나 자라면서 무조건적인 사랑을 받아야 한다. 그 누구라도 자기의 존재가 충분히 수용될 때에 건강한 인격으로 자라날 수 있다. 끝없는 비교와 질책 속에서 자라난 아이는 목표를 달성하여도 여전히 불안함에 흔들린다. 그 두려움이 결핍으로 이어지면서 중독과 일탈로 무너지게 된다.

미친 존재감의 요셉

요셉은 정서적으로 민감할 17세부터 30세까지의 13년간 지속적으로 불행과 맞닥뜨린다. 요셉은 가장 민감한 청소년 시기에 지속적으로 내리막길로 치닫는 삶을 반복한다. 언제 삶을 포기해도 이상하지 않을 상황을 만났다.

하지만 요셉은 환경이 자기를 갉아먹고 무너뜨리도록 무방비 상태로 방치하지 않았다. 그 이유는 자신이 누구인가를 정확하게 알고 있었기 때문이다. 요셉은 자기가 처한 환경이 자기 인생을 결정 짓는 전부가 아님을 확신했다. 요셉은 주변에서 판단하는 사람들의 시선이 자신의 가치를 결정짓지 않음을 확신하고 있었다.

그 사실을 알기에 요셉은 그가 처한 어떠한 상황에서도 당당할 수 있었다. 하나님의 게임체인저는 세상이 자신을 함부로 대하지 못할 건강한 자존감을 가진다. 하나님의 게임체인저는 언제나 어디에서나 '미친 존재감'으로 주변을 압도한다.

(2) 현재의 열등감에 시달리지 말라

역대급 등골브레이커

각 시대마다 청소년들이 가지고 싶어 하는 아이템들이 있어 왔다. 1980년대의 나이키 신발, 1990년대의 조던 농구화, 2000년대의 캐나다 구스 점퍼, 2010년대에는 일명 '명품'들. 시대는 달라졌지만, 자기를 도드라져 보이게 하는 특별한 아이템을 청소년 세대들은 원해 왔다. 이러한 아이템을 착용하면서 자신이 다른 학생들보다 우월하다는 느낌을 가졌다. 이를 못 가진 학생들은 이를 가진 친구들을 선망하면서 스스로 패배감에 사로잡혔다.

이러한 아이템들의 가격은 갈수록 높아지고 있다. 최근에는 초등학생들도 명품을 자랑하듯이 구입하기도 한다. 다른 친구들이 가지면 자신도 가져야 한다는 자녀들의 등쌀에 부모들의 허리가 부서진다. 그래서 이를 '등골브레이커'라고 한다.

SNS는 '시간 낭비 시스템'의 약자인가?

2020년의 다큐멘터리 영화 <소셜 딜레마Social Dilemma>는 SNS가 청소년들에게 주는 부정적인 영향을 보여 준다. 이 다큐에서 미국 청소년들의 우울증과 자살의 지수가 급속도로 상승한 시기를 지적하는데, 그 시기는 SNS가 본격적으로 대중화되던 시기와 겹친다. SNS의 활성화가 미국의 청소년들이 정서에 크게 영향을 주었다는 것이다.

SNS에서 사진을 올리고 사람들이 '좋아요'를 누르면 한껏 기분이 상승한다. 하지만 부정적인 댓글이 달리거나 조회수가 적으면 급속하게 우울해진다. 이것이 지속적으로 반복되면서 사람들의 반응에 따라 자신의 감정이 결정된다. 이로써 자기 감정을 스스로 통제할 수 있는 능력을 잃어버린다. 또한 SNS를 통하여 다른 이들의 삶을 보며 자기의 삶과 자연스럽게 비교하게 된다. '친구'들이 올린 화려한 파티나 멋진 휴가 사진들을 보면서 우울해진다. 타인의 SNS 에서 펼쳐지는 눈부신 삶을 누리지 못하는 자신에 대하여 좌절하게 된다. 그러한 삶을 경험하지 못하게 하는 가정 형편을 원망하면서 자존감을 잃어버리게 된다.

그러나 쉽게 구할 수 없는 값비싼 액세서리를 가진다고 자기의 가치가 올라가지는 않는다. 현란한 화장술과 독특한 패션으로 치장 한다고 자기의 존재감을 확인받는 것이 아니다. 진정한 아름다움은 임의로 꾸미거나 치장한다고 완성되는 것이 아니기 때문이다.

여권 있어야 가는 나라로 가면 안 돼요?

자녀를 양육하면서 직장생활을 하는 어느 워킹맘이 매일매일 자 신을 쥐어짜는 일상을 이어 가고 있었다. 딸아이는 엄마의 상황을 이해하지만, 방학이 되자 참지 못하고 엄마에게 여행을 가자고 졸 랐다. "엄마, 다른 친구들은 방학 때에 모두 휴가를 가는데, 우리는 안 가?"

엄마는 조금의 시간이라도 빼기가 어려운 상황이었다. 그런데 딸 이 지속적으로 요구하기에, 겨우 일정들을 조정하여 시간을 만들었 다. 빠듯한 일정 속에서도 엄마는 딸과 함께 마트에서 준비물들을 구입하였다. 여행을 떠난다는 말에 들뜬 아이는 신나게 출발하는 날을 기대했다.

여행을 가는 날에 차에 타서 출발하기까지는 딸의 표정이 밝았
다. 딸은 신난 표정으로 운전을 시작한 엄마에게 질문했다. "엄마,
우리는 어디로 여행을 가요?" 운전하기에 바쁜 엄마는 사방을 살
피면서 말했다. "응, 워터파크" 그 말을 들은 딸은 이내 시무룩해지
고 말았다. 갑자기 말이 없어진 딸을 엄마가 돌아보자, 딸은 시무룩
한 채로 말했다. "우리도 여권 있어야 갈 수 있는 곳으로 가면 안 돼
요?"

'기생수'와 '휴거'

웹툰 원작의 2022년 넷플릭스 드라마 <지금 우리 학교는>에서
는 같은 학년, 같은 반 친구를 혐오하는 장면이 나온다. 부유한 가정
의 나연이는 가난한 가정의 경수를 지속적으로 '기생수'라고 부른
다. '기생수'는 일본 만화에 나오는 사람의 몸속에서 기생하는 흉측
한 외계인이다. 나연이는 경수를 그렇게 조롱하고 혐오한다. 담임선
생님이 그 이유를 아이들에게 묻고 대답을 듣는다. '기생수'는 '기초
생활 수급자'의 줄임말이었다.

같은 반 친구이지만 생활 여건이 다르다는 이유만으로 혐오를 뿜
어내는 이런 장면은 현실이다. "쟤하고는 놀지 마, 쟤는 휴거야." 어
느 초등학교의 한 교실에서 친구들이 서로 나누는 대화이다. 여기에
등장하는 '휴거'는 종말에 일어날 사건을 지칭하는 것이 아니다. LH
주택공사 임대 아파트 브랜드에 '거지'를 붙여 만든 말을 줄인 가슴 아
픈 신조어이다. 어려운 여건에서 살아가는 학생들은 고달픈 삶이 너

무 힘들다. 그런데 다른 친구들의 차별이 더욱 힘든 고통을 준다.

얼마 전 한 도시의 브랜드 아파트 놀이터에 인근 아파트의 아이들이 와서 놀았다. 이를 본 그 아파트의 입주자가 아이들을 심각하게 꾸짖고 윽박질렀다. 다른 아파트의 놀이터에서 노는 것은 도둑질이라고 했다. 브랜드 아파트의 시설들은 입주자들이 납부하는 관리비로 유지된다. 브랜드 아파트 입주자들은 그들이 지불하여 관리하는 시설을 임대 아파트 아이들이 사용하는 것을 싫어한다. 또 초라한 행색의 아이들이 있으면 집값이 내려간다면서 차별대우를 한다. <지금 우리 학교는>에서는 브랜드 아파트의 닫힌 울타리에 팻말이 부착되어 있는 장면이 나온다. 그 팻말은 이렇게 경고하고 있다. "임대 아파트 학생은 여기를 넘어가지 마시오."

먹지 못하는 감, 열등감

어린 시절에 거절당하는 경험을 계속하면, 먹을 수 없지만 먹을 수 있어도 먹어서는 안 되는 '열등감'이 쌓이게 된다. 친구들이 가진 것들을 부모에게 요청하다가 거절을 당하면 상처가 생긴다. 친구들이 즐기는 일들을 자기도 하고 싶어 부모에게 요구해서 거부당하면 상처를 받는다. 이렇게 거절당하는 일이 반복되면 증폭된 거절감이 스스로를 움츠러들게 하고 스스로 초라하다 느낀다.

주변 사람들에게 우호적인 대우를 받지 못하면 태도가 소극적으로 변하고 삶이 위축된다. 소극적인 사람은 영향력을 잃기에 더욱 무시를 당하며 위축된다. 이렇게 자신이 사람들에게 매력을 못 준다는 것을 계속 경험하면 자존감이 무너진다. 이러한 일들이 반복되면 부정적인 가치관이 형성되고, 삶이 위축되는 악순환을 겪게 된다. 이 같은 결핍들이 현실에서 충족되지 못하고 증폭되면 심각한 중독으로 이어지기도 한다.

하나님의 게임체인저는 그러한 요인들로 인해 흔들리지 않는다. 자신이 사람들에게 어떤 대우를 받는가에 따라서 자기의 의미를 결정하지 않는다. 자신의 사회적 지위를 따라서 자기의 가치를 매기지도 않는다. 그 어떤 불리한 상황에서도 당당하며, 그 어떤 초라한 자리에서도 품격을 잃지 않는다.

리얼 핵인싸 에스더

세계를 지배하던 페르시아 제국의 왕후를 뽑는 일에 수많은 후보가 지원했다. 수많은 나라의 공주들과 왕족과 귀족들의 처녀들이 참여했다. 그들은 다른 후보들보다 돋보이기 위하여 화려한 치장을 하였다. 궁전에서는 후보자들이 각자 원하는 보석들과 치장품들을 아낌없이 제공하였다. "처녀마다 차례대로 아하수에로 왕에게 나아가기 전에 여자에 대하여 정한 규례대로 열두 달 동안을 행하되 여섯 달은 몰약 기름을 쓰고 여섯 달은 향품과 여자에게 쓰는 다른 물품을 써서 몸을 정결하게 하는 기한을 마치며, 처녀가 왕에게 나아갈 때에는 그가 구하는 것을 다 주어 후궁에서 왕궁으로 가지고 가게 하고"에스더2:12-13

일단 왕후가 되면 자신과 가문과 그 부족은 이전과는 완전히 다른 삶을 살게 된다. 그러므로 자기의 아름다움을 극대화하도록 자기를 치장하는 데 집중하였다. 하지만 에스더는 자기에게 주어진 향품 외에는 더 이상 요구하지 않았다. "양육하는 에스더가 차례대로 왕에게 나아갈 때에 궁녀를 주관하는 내시 헤개가 정한 것 외에는 다른 것을 구하지 아니하였으나"에스더2:15

에스더는 자신을 화려하게 치장하지 않았지만, 모든 사람에게서 사랑을 받았다. "모든 보는 자에게 사랑을 받더라"에스더2:15 또한 에스더는 왕 앞에 나갔을 때에, 그 어떤 후보들보다 왕의 관심을 받았다. 에스더는 모든 다른 처녀들보다 특별한 은총을 입었다. 그리고 마침내 페르시아의 왕은 에스더를 왕후로 삼았다. "왕이 모든 여자보다 에스더를 더 사랑하므로 그가 모든 처녀보다 왕 앞에 더 은총을 얻은지라 왕이 그의 머리에 관을 씌우고 와스디를 대신하여 왕후로 삼은 후에"에스더2:17

현대인들은 다른 사람들의 반응에 민감하게 반응한다. 다른 사람들이 나를 대하여 보여 주는 태도에 따라서 감정이 달라지고 태도가 변한다. 하지만 하나님께서 사용하시는 게임체인저는 사람들의 반응에 민감해하지 않는다. 하나님께서 소중하게 여기시는 자기의 가치를 알기에 언제나 당당하게 된다.

(3) 미래의 불안감에 제압되지 말라

예측 못하는 미래의 두려움

2015년에 출간된 소설 『한국이 싫어서』는 한국에서의 익숙한 불행보다는 호주에서의 낯선 행복을 선택한 청춘들의 스토리를 담고 있다. 그들은 한국에서는 희망을 발견하기 못한 결과로 한국을 '헬hell조선'이라고 부르면서 새로운 선택을 한 것이다.

1997년 IMF 외환위기 이후에 생계를 보장할 '평생 직장'이라는 개념이 사라졌다. 2008년 '글로벌 금융위기', 2020년 '코로나 팬데믹'의 영향이 더해지자 이전과는 완전히 다른 세상이 되었다. 그 어디에도 안전한 직장은 없다. 지금 당장은 유망한 직업이라고 해도 산업 구조의 급속한 변화로 내일을 장담할 수 없게 되었다.

옥스퍼드대학의 칼 프레이Carl B. Frey 교수와 마이클 오스본Michael A. Osborne 교수는 2013년에 '고용의 미래'를 연구하여 발표했다. 이들은 702개의 직업군을 대상으로 미래에도 그 직업이 존재할 것인가를 살펴보았다. 그리고 그 연구의 결과 현재 직업의 47퍼센트가 20년 안에 사라질 것이라는 결론을 얻었다. 2015년 UN 미래 보고서는 2030년까지 20억 개의 일자리가 소멸되고 현존하는 일자리의 80퍼센트가 사라진다는 전망을 제시했다.

이러한 이유로 많은 청년들과 청소년들이 불안해 한다. 이전에는 좋은 대학에 들어가기만 하면 나머지는 안정된 삶이 어느 정도 보장되었다. 하지만 최근에는 그 어느 대기업도 안전하지 않다고 느끼면서 더욱 불안해진다. 청년들과 청소년들이 이 문제를 해결하기 위하여 주식이나 부동산, 비트코인 같은 암호화폐에 투자하기도 한다. 하지만 제대로 준비가 되지 않았기에 많은 피해를 보고 더욱 심각한 상황을 자초하기도 한다.

결혼에 관한 관점도 이전과는 상당히 차이가 난다. 결혼생활 중에 다양한 변수들이 새로이 발생하면서 결혼이 무너지고, 이 때문에 결혼을 기피하기도 한다. 이처럼 미래가 불안하기에 많은 청소년과 청년들이 심리적으로 문제를 겪고 있으며, 이것이 일상을 흔들어 정상적인 생활이 위태로울 정도인 경우도 많다.

마지막을 알면 두렵지 않다

다니엘은 예민한 청소년 시기에 조국 이스라엘이 패망하는 일을 겪어야 했다. 지금도 그러하지만, 고대사회에서 나라가 패망하는 것은 상상하기 힘든 고난이었다. 감수성이 예민하던 청소년기에 나라가 무너지는 것은 상상하기 힘든 일이었다. 청소년이던 다니엘과 그의 세 친구들은 전쟁포로가 되어 조국을 패망시킨 원수의 나라 바벨론으로 공포에 떨면서 끌려갔다. 그 당시에 전쟁포로는 곧 가장 지위가 낮은 노예였기에 앞으로의 미래가 암울했다. 그들은 망한 나라 출신 포로라는 낙인이 찍혀 평생 노예로 살아야 했다.

더욱이 조국이 폐허가 되는 것을 경험한 전쟁포로들은 전 세계를 지배하던 바벨론의 웅장한 문명 앞에서 위축될 수밖에 없었다. 정복당한 각처에서 잡혀온 포로들은 바벨론 제국의 위용 앞에 굴복했다. 대부분의 전쟁포로들이 바벨론의 문화와 풍습을 받아들여 바벨론 사람이 되었다. 그들의 급선무는 당장의 위협 앞에서 자기의 목숨을 보존하는 것이었다. 자기 이익을 챙기는 것만이 그들의 유일한 목적이었다. 자기의 유익을 위해서라면 무엇이든지 할 수 있었다.

다니엘과 세 친구들은 달랐다. 그들은 심각한 불이익을 당할 수 있었다. 심지어는 목숨을 잃을 상황을 만났지만, 결코 흔들리지 않았다. 그들은 뜻을 굳게 정하였던 하나님의 게임체인저였기 때문이었다. "다니엘은 뜻을 정하여"_{다니엘1:8}

하나님의 선택 기준

하나님께서는 사람들에게 환영받지 못하고 무시당하는 이들을 사용하신다. 하나님께서는 마이너minor 인생들을 사용하신다. 하나님께서는 사람들에게 무시당하고 인정받지 못하는 이들로 놀라운 일들을 이루어 가신다. "이스라엘의 구속자, 이스라엘의 거룩한 이 이신 여호와께서 '사람에게 멸시를 당하는 자, 백성에게 미움을 받는 자, 관원들에게 종이 된 자'에게 이같이 이르시되 왕들이 보고 일어서며 고관들이 경배하리니 이는 이스라엘의 거룩하신 이 신실하신 여호와 그가 너를 택하였음이니라"_{이사야49:7}

하나님께서는 위대한 자가 아니라, 하나님께서 위대하심을 입증할 사람들을 선택하신다. 자신의 탁월한 수고와 열매로 자신이 주목받으려는 사람은 하나님께서 사용하지 않으신다. 하나님께서 하셨다고 생각할 수밖에 없는 일들을 이루어 갈 사람을 택하신다.

최강 멘탈의 게임체인저, 예수님

그렇게 하나님께서 선택하신 최고의 게임체인저는 바로 예수님이시다. 하나님께서는 이사야 선지자를 통하여 장차 오실 예수님에 대하여 명확히 밝히셨다. 메시아의 외모는 사람들에게 어필할 수 있는 정도는 아닐 것이다. 그리스도께서는 사역하실 때에 승승장구하지 못하실 것이다. "그는 주 앞에서 자라나기를 '연한 순 같고 마른 땅에서 나온 뿌리 같아서 고운 모양도 없고 풍채도 없은즉 우리가 보기에 흠모할 만한 아름다운 것이 없도다 그는 멸시를 받아 사람들에게 버림 받았으며 간고를 많이 겪었으며 질고를 아는 자라 마치 사람들이 그에게서 얼굴을 가리는 것 같이 멸시를 당하였고 우리도 그를 귀히 여기지 아니하였도다'"이사야53:2-3

이러한 예언처럼 예수님께서는 세상의 기준으로는 비극적인 삶을 사셨다. 예수님께서는 사역하시는 동안에 부모가 같은 형제들에게도 인정을 받지 못하셨다. 예수님께서는 3년간 공들인 제자들에게조차 버림받고, 저주받은 형틀인 십자가에서 죽으셨다. 세상의 기준으로 예수님의 삶은 철저히 실패하는 것처럼 보였다.

하지만 하나님께서는 예수님을 구원 역사를 완성하시는 게임체인저로 사용하셨다. "이 예수는 '너희 건축자들의 버린 돌'로서 '집 모퉁이의 머릿돌'이 되었느니라"사도행전4:11 하나님의 게임체인저들은 그들의 신분과 상황과 관계없이 하나님께 사용되었다. 사람들의 기준에서는 수준 이하라고 해도 하나님께서 사용하실 때는 문제가 되지 않는다.

그렇다. 하나님께서는 '위대한 사람'을 사용하지 않으신다. '하나님께서 위대하심을 입증할' 사람들을 찾으시고, 사용하신다.

2. 자존감을 세우는 해법들

뭐니 뭐니 해도, 머니가 최고다

"10억 원을 받을 수 있다고 하면, 감옥에 1년을 보낼 수 있는가?" 이러한 질문으로 초등학생들과 중고등학생들에게 설문하였다('흥사단'의 설문). 2012년의 설문조사에서 각 학생이 가능하다고 답변한 비율은 다음과 같다. 초등학생 12퍼센트, 중학생 28퍼센트, 고등학생 44퍼센트. 2015년의 설문조사에서 각 학생이 가능하다고 답변한 비율은 다음과 같다. 초등학생 17퍼센트, 중학생 39퍼센트, 고등학생 56퍼센트.

초등학생은 5퍼센트, 중학생은 11퍼센트, 고등학생은 12퍼센트 늘었다. 10억 원을 받는다면 감옥에 갈 수 있다는 대답이 갈수록 많아졌다. 이 현상은 어린 세대들이 인생의 문제를 해결하는 힘이 돈에 있다고 믿는다는 것을 보여 준다. '뭐니 뭐니 해도 머니'라는 말을 진리로 여기고 있는 것이 보인다.

유명해지는 것이 권력이다

예전에는 인생에서 위기를 만나면 "안 되면 농사나 짓지 머"라고 자조적으로 말하고는 했다. 그러한 자조들이 최근에는 "할 거 없으면 유튜버youtuber나 하지"라고 말한다. 힘든 회사일이나 사업에 비해서 유튜버가 되는 것이 만만해 보이기 때문이다. 코로나 팬데믹이 강력하게 영향을 끼치기 시작하자, 사업이나 직장에서 어려움을 겪는 사람들이 유튜버가 돈을 잘 번다는 말을 듣고 이를 시작하기 시작했다.

유튜브 채널을 운영하여 구독자가 2만 명 정도 확보되면 월 50만 원 정도의 수입이 발생한다. 그리고 구독자 숫자가 늘어날수록 그 수입은 더하기가 아닌 곱하기로 늘어나게 된다. 구독자 숫자가 10만 명 정도가 되면 어지간한 개인 사업을 하는 것보다 수입이 낫다. 이렇다 보니 일부 유튜버들은 사람들의 관심을 얻기 위하여 무리한 일들도 서슴지 않는다. 때로는 폭력적인 말을 쓰거나 큰 사고가 일어날 위험한 일들도 저지른다.

구독자가 많은 유튜브 채널 중에는 별다른 특별한 내용이 없는 것들도 많다. 지극히 평범하게 사는 사람의 일상 이야기들도 많다. 때로는 크리스마스이브에 혼자 라면을 끓여 먹는 그런 궁색한 이야기가 컨텐츠이다. 그런데 이런 특별할 것 없는 컨텐츠가 100만 회를 훌쩍 넘는 조회수를 기록한다. 주변 사람들에게 이 컨텐츠를 소개하니 엄청나게 몰입하며 시청을 시작했다. 별 내용이 없는 콘텐츠를 시청하면서 "이게 머라고 계속 보게 되냐" 하며 집중하였다.

피라미드 정상에 올라가는 SKY 캐슬

유현준 교수는 높은 공간을 차지하게 되면 권력이 발생한다고 강조한다. 독재자들은 높고 웅장한 건물을 선호하고, 그곳에서 사람들을 내려다보며 통치하려고 한다. 사람들은 그러한 고지에 올라가려고 하는데, 그것이 결국은 바벨탑을 쌓아 가는 것이다.

2018년의 JTBC 드라마 <SKY 캐슬>에서는 사회에서 정상의 자리에 올라가려는 사람들의 집요한 노력을 보여 준다. 어느 가정의 아버지는 남들보다 앞서는 성공만이 인생의 유일한 해법이라고 확신한다. 그 아버지는 아들들에게 피라미드를 항상 보여 주며 정상으로 올라가라고 강요한다. 그 자신이 어려운 가정에서 시련을 겪다가 성공했기에 그러한 철학을 고수한다. 성공을 경험한 아버지는 행복하려면 오로지 사회적으로 성공해야만 하고, 그러려면 명문대 SKY에 가야만 한다는 자기 철학을 주입한다.

그러나 남을 이기고 올라서는 것만이 전부가 아니라 사실을 깨달은 어머니는 그 피라미드를 치워 버린다. 어머니는 아버지의 성공주의 가치관을 아이들에게 강요하지 말라고 맞선다. 그러자 분노한 아버지는 거대한 피라미드 모형을 집 안에 들여와서는 자기 주장을 더욱 강조한다.

진정한 SKY 캐슬

그런데 'SKY 캐슬'은 2,000년 전에 이미 성경에 등장한다. "또 내가 보매 거룩한 성castle 새 예루살렘이 하나님께로부터 하늘sky에서 내려오니"요한계시록21:2 또 있다. "성령으로 나를 데리고 크고 높은 산으로 올라가 하나님께로부터 하늘sky에서 내려오는 거룩한 성castle 예루살렘을 보이니"요한계시록21:10

다만 성경에서 등장하는 SKY 캐슬은 세상의 것과 다르다. 세상의 SKY 캐슬은 수많은 경쟁자를 짓밟고 스스로의 힘으로 올라서야한다. 또 세상의 SKY 캐슬은 자기의 힘으로 성취한다고 해도 그렇게 오래가지 못한다.

하지만 성경에서 약속된 SKY 캐슬은 하늘에서부터 내려온다. 사람의 노력과 수고에 의존하지 않고 일방적으로 주어진다. 또한 하늘로부터 내려오는 SKY 캐슬은 녹슬거나, 누가 훔쳐가지도 못한다. 하늘로부터 내려오는 진정한 SKY 캐슬은 그 영광이 영원히 빛난다.

하나님의 게임체인저들은 이 세상이 눈멀어 탐하는 가치를 추구하지 않는다. 하나님의 게임체인저들은 이 세상의 훈장으로 자기를 치장하지 않는다. 이 세상의 그 어떤 반짝이는 보석들도 그저 돌멩이로 여길 뿐이다. 하나님의 게임체인저들은 하나님께서 빛나는 하나님의 영광으로 치장해 주신다.

게임체인저의 자존감을 증명하라

하나님께서 사용하신 게임체인저들이 순탄한 길을 걷기만 하지는 않았다. 그들은 적대적인 환경 가운데 인생이 송두리째 흔들릴 위기들을 만났다. 하지만 그들은 결코 환경에 장악되지 않았다. 주변의 사람들이 그들을 그 어떤 것들로 규정하든, 그러한 시선에 제압되지 않았다.

하나님의 게임체인저들은 그들을 억누르는 환경이 그들의 가치를 결정하게 방치하지 않는다. 하나님의 게임체인저들은 사회적 지위가 낮고 상황이 어려워도 스스로를 학대하지 않는다. 하나님의 게임체인저들은 상황에 짓눌리지 않고 자기 자신의 가치를 잃어버리지 않는다.

도미노 같은 고난에도 평안한 게임체인저, 요셉

요셉은 어린 시절에는 그 누구도 부럽지 않은 화려한 삶을 살았다. 아버지는 그에게 채색 옷을 지어 입혔다. 그 당시 채색 옷은 아무나 입을 수 없는 특별한 옷이었다. 요셉에게는 이미 어머니가 다른 형이 열 명이나 있었지만, 요셉은 아버지로부터 특별한 사랑을 받았다.

하지만 얼마 후 요셉의 채색 옷은 찢기고 벗겨진다. 요셉을 시기한 형들이 아버지의 심부름으로 그들을 찾아온 요셉을 공격했다. 시기심과 적개심으로 가득 찬 형들은 요셉을 죽이려고 하였다. 형들은 요셉의 목숨을 뺏지 않고 대신 애굽으로 향하는 노예상인에게 팔아 버린다.

노예가 되어 모든 것이 낯선 애굽땅에 버려진 요셉은 채색 옷 대신 누더기 옷을 입게 되었다. 요셉은 고귀한 신분에서 명예도 없고 존재감도 없는, 그저 말하는 짐승과 같은 신분으로 떨어졌다. 그 누구라도 절망하고 삶을 포기할 수 있는 상황이었다. 그러나 요셉은 절대 흔들리지 않았다. 노예 생활을 성실히 하면서 집안일을 돌보는 총무로 승격되기도 했다.

그러나 요셉의 추락은 그것으로 끝나지 않았다. 얼마 후 요셉은 노예에 더하여 죄수가 되어야 했다. 요셉은 자신과 바람을 피우자는 여주인의 지시를 거절하였지만, 결국 누명을 쓰고 감옥에 갇혔다. 그때까지 요셉은 욕심을 버리고 주인에게 완전히 충성하여 성실히 일하였다. 또한 요셉은 무엇보다 하나님 앞에서 정결하게 살려고 노력했다. 그 결과가 감옥살이였으니, 요셉은 더욱 억울할 수밖에 없는 상황이었다. 그래도 요셉은 흔들리지 않았다.

플랜 A가 무너져도 견고한 게임체인저, 바울

바울은 강력한 성령의 임재하심으로 불같은 선교 사역을 감당했다. 엄청난 성령의 역사가 일어나고, 수많은 사람들이 회개하여 주의 백성이 되는 구원 역사를 경험하였다. 그 과정에서 바울은 목숨이 위태로운 위기를 만나기도 했다. 고된 여정 가운데 생명이 위협받는 상황에서도 바울은 사역을 멈추지 않았다. "내가 달려갈 길과 주 예수께 받은 사명 곧 하나님의 은혜의 복음을 증언하는 일을 마치려 함에는 나의 생명조차 조금도 귀한 것으로 여기지 아니하노라"사도행전20:24 이처럼 강력한 바울의 헌신으로 놀라운 복음의 역사가 일어났다. 하나님의 구체적인 역사를 보며 바울은 복음의 행진을 계속했다.

그런데 느닷없이, 그 사역이 벽에 부딪히게 되었다. "무시아 앞에 이르러 비두니아로 가고자 애쓰되 예수의 영이 허락하지 아니하시는지라"사도행전16:7 동쪽으로 향하려던 바울의 계획은 좌절되었지만, 바울의 선교 사역은 중단되지 않았다. 바울은 하나님께서 보여 주신 환상을 보고 익숙하지 않은 서쪽으로 향했다. 이러한 바울의 태세전환은 세계 문명에 큰 변화를 가져오는 순간이었다.

플랜 A가 무너져도 바울은 당황하지 않고, 하나님의 새로운 인도에 자기를 맡겼다. 이것이 신자만이 아닌 인류 전체의 문명사에 깊은 영향을 끼치게 되었다. 저명한 인류학자인 아놀드 토인비Arnold Toynbee는 이 순간을 이렇게 묘사하였다. "드로아에서 바울을 태우고 빌립보로 건너갔던 그 배가 바로 유럽의 역사를 바꾸는 배였으며, 유럽 문명사의 미래를 안고 가던 배였다."

바울은 자기 의지를 내려놓고 하나님께 순종하여 계획하던 방향과 반대쪽에 있는 도시에 도착했다. 유럽의 첫 도시인 빌립보에서 바울은 점치는 귀신들린 여종을 치유하며 복음을 전했다. 이러한 바울의 사역에 돌아온 결과는 구타와 투옥이었다. 귀신들린 여종의 주인이 자기들의 이익에 타격이 오자 벌인 일이었다.

바울은 자신의 계획을 포기하고 하나님께서 주신 뜻을 따라 섬겼다. 하지만 바울에게 돌아온 것은 혹독한 시련이었다. 이런 상황이라면 누구라도 불평하고 원망할 수 있겠지만 바울은 흔들리지 않는다. 오히려 바울과 실라는 감옥에 갇힌 깊은 밤에 기도와 찬양을 하나님께 드렸다. 그 순간 지진이 일어나 감옥의 문이 열렸으며, 마침내 유럽에 처음으로 교회가 세워졌다. 하나님의 게임체인저가 순종 후에 오는 고난을 대처하는 법을 바울이 보여 주었다.

3. 내가 가장 비싼 이유

국보급 도자기의 탄생

도공은 하나의 도자기를 얻기 위하여 최선을 다한다. 도공은 목욕재계하고, 깨끗한 옷을 갈아입고 정성을 다하여 빚는다. 도공은 빚은 작품을 가마에 넣고 1,000도가 넘는 강한 불로 일주일가량 굽는다. 그러한 과정을 거쳐 완성된 도자기에 흠이 있으면, 가차 없이 깨어 버린다. 그리고는 다시 힘든 제조과정을 거쳐서 새롭게 도자기를 만든다. 그렇게 하였는데도 완성된 도자기가 마음에 들지 않으면 또다시 깨어 버린다. 이러한 과정들을 몇 번이나 거친 끝에, 드디어 마음에 드는 도자기를 완성한다. 이런 혹독한 과정을 통하여 만들어진 고려청자, 조선백자가 국보로 남게 되었다.

국보급 도자기도 도공이 손으로 빚기 이전에는 단지 한 줌의 흙에 불과하였다. 도공이 정성을 다하여 빚고 다듬어서, 찬란한 빛이 나는 작품으로 변모하게 된다. 한 줌 흙이 국보급 문화재로서 값을 매길 수 없는 가치를 가지게 된다.

밀리언 달러 베이비

아일랜드의 한 가정집 다락방에 82년간 방치되어 있던 꽃병이 20억 원에 팔렸다. 이 꽃병은 1938년에 한 아일랜드인이 그 가치를 모른 채 구입해 후손들에게 물려줬다. 높이 50센티미터의 이 꽃병은 잡동사니처럼 다락방에 계속 방치되어 있었다.

하지만 이 꽃병을 감정하면서 꽃병이 가진 원래의 가치가 발견되었다. 희귀한 용 모양 손잡이가 양쪽에 달려있는 이 꽃병은 바닥에 중국 청나라 5대 황제인 옹정제雍正帝, 1678-1735를 뜻하는 한자가 새겨져 있어 그 가치를 증명하였다. 옹정제를 위해 1722년에서 1735년 사이에 만들어진 것으로 추정됐다. 꽃병의 주인들도 그 가치를 몰랐지만 감정을 통해 원래의 가치를 회복했다.

1958년 진행된 소더비 경매Sotheby's Auction에서 한 그림이 단돈 45파운드(약 7만 원)에 팔렸다. 이 그림은 2013년에는 8천만 달러(약 893억 원)에 다시 팔리게 된다. 게다가 이 그림은 2017년에는 4억 5천만 달러(약 5천26억 원)에 팔렸다. 7만 원에 불과하던 그림이 751만 배의 가격인 5,026억 원에 팔리게 되는 이유는 무엇인가?

이 그림은 2005년에 정밀한 감정을 통해 15, 16세기 이탈리아의 전설적인 예술가 레오나르도 다빈치Leonardo da Vinci의 진품으로 판정이 났기 때문이다. 그 이후에 이 그림의 가치는 폭발적으로 치솟았다. 누가 그 그림을 그린 사람으로 판정되는지에 따라서 그림의 가격이 결정된다. 이처럼 고물처럼 여겨지던 것이 엄청난 보물로 판명되는 것을 '밀리언 달러 베이비Million Dollar Baby'라고 한다.

피카소와 피카츄의 차이

나는 20세기를 대표하는 스페인의 화가 파블로 피카소Pablo Picasso의 작품을 중학교 2학년 때에 처음 보았다. 국내에서 피카소 작품전을 연다고 하여 나는 설레는 마음으로 방문하였다. 세계적인 작가의 작품을 직접 본다는 생각만으로 나는 굉장한 기대감을 가졌다. 그 그림은 크기가 엄청날 것이며, 그림도 정말 감동적일 것이라고 확신하였다.

그런 마음으로 전시장에 들어선 순간 나는 커다란 충격을 받았다. 일단 그림의 크기가 내가 생각한 만큼 크지 않고 작았기 때문이었다. 그런데 그림의 내용은 더욱 실망스러웠다. 전시된 피카소의 그림들은 중학교 2학년 학생이 보기에는 정말 이해하기가 힘들었다. 사람을 그렸다는 그 그림은 눈, 코 귀가 어디에 붙어 있는 것인지를 도무지 알 수가 없었다. 그 그림을 만화 <포켓몬스터>의 캐릭터 피카츄가 그렸다고 해도 믿을 법할 정도였다.

그 그림의 금액이 수십억에 달한다는 말을 듣고는 더욱 놀랐다. 중학교 2학년이 보기엔 그 그림은 아무런 가치가 없어 보였지만, 그 작품은 엄청난 가치를 자랑하였고, 그 가치는 계속 올라간다. 그 이유는 그 그림을 피카소가 그렸기 때문이었다. 그 그림의 작가에 따라 그 작품의 가격이 결정되기 때문이다.

프랑스 파리의 오르세 미술관Orsay Museum에는 색깔과 질감 표현을 중시한 인상파印象派, impressionist 화가와 조각가들의 작품이 전시되어 있다. 그곳의 수많은 화가와 조각가의 그림들을 보면서 커다란 통찰력을 얻었다. 그중에 학교에서 배웠던 프랑스 조각가 로댕 Auguste Rodin의 동상 <생각하는 사람Le Penseur>은 엄청난 감동을 안겨 주었다. <생각하는 사람>보다 크고 웅장한 작품들은 수없이 많다. 하지만 로댕의 손을 거쳐 태어난 작품들은 값을 매길 수 없을 만큼의 엄청난 가치를 가진다. 로댕이 빚은 조각품이 비싼 이유는 천재 조각가 로댕이 조각하였기 때문이다.

내가 가장 비싼 이유 (1)—나는 하나님의 최고의 작품

하나님께서 우리를 만드신 것은 성경이 명백하게 증언하는 사실이다. "우리는 그가 만드신 바라 그리스도 예수 안에서 선한 일을 위하여 지으심을 받은 자니"에베소서2:10 그리고 성경은 우리가 흙으로 지어진 존재라고 선포한다. "네가 얼굴에 땀이 흘러야 식물을 먹고 필경은 흙으로 돌아가리니 그 속에서 네가 취함을 입었음이라 너는 흙이니 흙으로 돌아갈 것이니라 하시니라"창세기3:19

우리의 성분이 보잘것없는 흙에 불과하지만, 그것이 끝이 아니다. 우리는 흙 그대로 존재하지 않는다. 바람에 흩날리는 흙과 같은 우리를, 하나님께서는 가장 빛나는 걸작으로 만들어 주신다. "우리는 진흙이요 주는 토기장이시니 우리는 다 주의 손으로 지으신 것이라"이사야64:8 하나님께서는 사람을 만드실 때는 아무렇게나 만들지 않으셨다. 하나님께서는 우리를 최고의 작품으로 만드셨다. 우리는 하나님께서 만드셨는데, '만들다'라는 의미의 헬라어 poieo에서 '시詩'를 뜻하는 poem이라는 단어가 나왔다. 결국, 우리들은 '하나님의 시'이다. 하나님의 최고의 작품인 것이다.

사람의 원래 모습은 단지 한 줌의 흙에 지나지 않았다. 하나님께서 우리를 만지시기 이전에, 우리는 그저 볼품없는 흙덩이에 불과하였다. 그 흙덩이를 하나님께서는 하나님의 형상대로 빚으셔서 사람을 만드셨다. 하나님께서는 직접 만드신 사람에게 생기를 불어넣으셨고, 사람은 생명체가 되었다.

하나님께서 그분의 형상으로 사람을 지으셨다. 사람은 이 사실에서 커다란 자존감을 얻어야 한다. 이 진리로 자기 자신을 존귀하게 여기게 되어야 한다. 자신이 하나님의 최고의 작품이라는 진리를 깨닫고 자기 자신을 소중하게 여겨야 한다.

이 진리를 아는 사람은 자신의 조건이나 상황과 관계없이 자신감을 느끼게 된다. 그는 시험성적이나 등수 같은 숫자들로 자신의 가치를 평가하지 않는다. 어떤 사람이 되거나 어떤 일을 달성해서가 아니라, 존재 그 자체로 최고의 가치를 가지게 된다.

우리는 하나님의 NFT

최근 메타버스metaverse가 큰 영향을 끼치면서 'NFT'라는 개념이 주목을 받고 있다. 'Non Fungible Token'의 줄임말인데, '대체불가능한 토큰'이라는 의미다. NFT는 모든 사용자가 동일한 자료를 나누어 받아 공유하는 블록체인Blockchain 기술로 디지털 컨텐츠를 만든 제작자의 권리를 보증해 준다. 디지털 기술로 이루어진 메타버스 세계의 특징은 대량으로 모방이 가능하다는 것이다. 이러한 상황에서 제작자의 저작권을 인정해 주는 것이 NFT이다.

사람들마다 지문이 다르고 DNA가 다르다. 이 땅에 존재하는 모든 사람들은 저마다의 존재 이유와 존재 가치를 가진다. 하나님께서 만드신 사람은 공장에서 대량으로 찍어낸 상품이나 제품이 아니다. 이 세상에서 대체할 수 없는 유일한 가치를 지닌 최고의 작품이다. 그렇기에 하나님의 게임체인저는 그 누구와도 비교 불가능한 존재이다.

천연기념물은 학술적 가치에 따라서 되기도 했다가 해제되기도 한다. 하지만 우리는 온 우주를 지으신 하나님께서 창조하신 특별한 존재들이다. 세상의 그 무엇으로도 비교를 할 수 없는 최고의 가치이다.

내가 가장 비싼 이유 (2)—나는 예수님짜리 사람

한 제품의 가치는 그 제품의 크기와 무게에 따라 결정되지 않는다. 그 제품을 구입하기 위해 지불된 금액으로 그 가치가 결정된다. 조그만 휴대전화기가 백만 원이지만, 큰 솜뭉치는 불과 1만 원도 하지 않는다. 3만 원을 주고 넥타이를 사면 그 넥타이는 3만 원짜리가 된다. 20만 원을 주고 마이크를 사면 그 마이크는 20만 원짜리가 된다.

하나님께서 사용하시는 게임체인저의 가치는 어느 정도일까? 그 한 사람의 가치는 '예수님짜리'이다. 예수님께서 우리를 살리시려고 자신의 모든 것을 다 바쳐 우리 몸값으로 지불하셨다. 그러므로 우리들의 가격은 '예수님짜리'가 되는 것이다.

천문학적인 광고비

세계적인 기업들은 천문학적인 광고비를 기꺼이 지불한다. 세계 스포츠계에서 가장 큰 규모의 광고계약은 전설적인 농구선수 마이클 조던Michael Jordan과 스포츠용품 회사 나이키NIKE 사이에서 이루어졌다. 1984년에 대학을 갓 졸업한 마이클 조던에게 나이키는 그 회사의 여유자금 50만 달러를 모두 투자했다. 당시 NBA미국 프로농구에서 1분도 안 뛴 신인에게 파격적 금액을 제시한 것은 유래가 없는 일이었다. 그리고 35년간 나이키는 마이클 조던에게 모두 13억 달러(1조 5847억 원)를 지불했다.

나이키가 이러한 금액을 투자한 것은 훌륭한 전략이었다. 마이클 조던은 NBA 최고의 선수가 되어 나이키를 조그만 회사에서 세계 최고의 스포츠용품 브랜드 중 하나로 탈바꿈시켰다. 나이키의 조던 브랜드는 나이키에 수십억 달러의 수익을 안겨다 주었다. 마이클 조던과 협력한 나이키의 시가 총액은 1,360억 달러에 이르게 되었다. 전문가들은 마이클 조던의 후광 효과는 100억 달러 이상의 가치가 있다고 말한다. 이는 나이키의 초창기에 나이키를 압도했던 경쟁사 아디다스ADIDAS의 세 배의 액수이다.

하나님께서는 게임체인저를 예수님의 피 값을 지불하시고 사셨다. "너희는 너희 자신의 것이 아니라 값으로 산 것이 되었으니"갈라디아서6:19-20 "여러분은 하나님께서 값을 치르고 사신 사람입니다." 새번역 고린도전서7:23 회사에서 엄청난 금액을 모델에게 투자하는 것은 그만큼의 기대치가 있기 때문이다. 프로스포츠 구단에서 막대한 연봉을 지급하면 선수는 그에 걸맞은 성적을 내어야 한다. 하나님께서 예수님의 피 값을 지불하여 사신 게임체인저는 그에 맞는 사명을 감당해야 한다. "그런즉 너희 몸으로 하나님께 영광을 돌리라"갈라디아서6:20

먹튀로 고통받는 메이저리거

미국 메이저리그the Major League에서 활약하던 한국인 메이저리거들이 있다. 박찬호는 2001시즌 후 텍사스 레인저스와 5년간 6,500만 달러(약 718억 원)에 계약했다. 추신수는 2013시즌 후 텍사스 레인저스와 7년간 1억 3,000만 달러(약 1,430억 원)를 받는 계약서에 도장을 찍었다. 하지만 박찬호와 추신수 모두 부상으로 기대 이하의 활약을 했다. 그 때문에 이 두 선수는 '역대 최악의 계약'을 논할 때 이름을 올리고는 했다.

이처럼 막대한 연봉을 받고 저조한 성적을 올리면 '먹튀'라는 오명을 받는다. 엄청난 금액을 '먹고 튀어 버렸다'라는 부정적 의미이다. 메이저리그 최악의 먹튀 1위는 마이크 햄튼Mike Hampton이다. 그는 콜로라도 로키스와 8년간 1억 2,100만 달러(약 1,340억 원)의 계약을 맺었다. 그러나 처참한 성적을 남기고 2년 만에 팀을 떠났다. 그가 떠나고서도 콜로라도 로키스 구단은 계약에 따라 15년 동안 매년 20억 원씩 잔여 연봉을 지불해야만 했다.

하나님의 게임체인저는 하나님의 막대한 투자를 받고 동역자로 임명받았다. 하나님께서는 신실한 파트너이시다. 하나님께서는 스카웃하신 게임체인저들을 신실하게 지원하신다. 전쟁의 승패를 결정하는 것이 보급이듯이, 하나님께서는 철저히 채워 주신다. "나의 하나님이 그리스도 예수 안에서 영광 가운데 그 풍성한 대로 너희 모든 쓸 것을 채우시리라"빌립보서4:19

하나님께서 신실하게 채워 주시는 게임체인저들은 자기의 삶을 낭비해서는 안 된다. "우리가 하나님과 함께 일하는 자로서 너희를 권하노니 하나님의 은혜를 헛되이 받지 말라"고린도후서6:1 하나님의 게임체인저는 반드시 마지막에는 하나님 앞에서 결산을 해야 한다. 그 결산의 날에 착하고 충성된 청지기로 인정받을 수 있도록 열심히 달려야 한다.

내가 가장 비싼 이유 (3)—나는 최고의 사랑을 받고 있다

왕좌와 맞바꾼 사랑

영국의 왕자 에드워드 8세Edward VIII는 왕위 계승 1순위였다. 아버지 조지 5세가 세상을 떠나자, 그는 대관식을 거쳐 영국의 국왕이 되었다. 에드워드 8세는 수려한 외모, 깔끔한 매너, 패션 감각으로 국민들에게 인기가 높았다.

하지만 에드워드 8세는 라디오 방송을 통해 국왕의 자리에서 내려왔다. 10개월 22일 동안의 왕위를 스스로 포기한 것은 사랑 때문이었다. 에드워드 8세가 사랑한 여인은 이혼을 두 번하였던 미국인 심슨Wallis Simpson 부인이었다. 영국 왕실이 그들의 결혼을 허락하지 않자, 에드워드 8세는 왕위에서 물러났다. 이후에 왕이 된 이는 2010년 영화 <킹스 스피치The King's Speech>의 실제 주인공인 동생 조지 6세George VI였다.

에드워드 8세는 라디오 방송연설을 통해 그의 하야를 전했다. '왕위를 버린 세기의 사랑'이라고 불린 사건이었다. 이 사랑의 스토리는 많은 이들에게 깊은 감동을 주었다.

그러나 이보다 더욱 놀라운 러브 스토리는 예수님 이야기이다. 예수님께서는 하나님과 동등한 분이시지만, 이 지위를 거절하시고 가장 낮은 자리로 오셨다. "그는 근본 하나님의 본체시나 하나님과 동등됨을 취할 것으로 여기지 아니하시고 오히려 자기를 비워 종의 형체를 가지사 사람들과 같이 되셨고"빌립보서2:6

에드워드 8세는 왕위를 포기했지만 윈저공으로서 왕족 대우를 받았다. 하지만 하나님이신 예수님께서는 종과 같이 철저히 낮아지셔서 결국은 참혹한 십자가에서 죽으셨다. "오히려 자기를 비워 종의 형체를 가지사 사람들과 같이 되셨고 사람의 모양으로 나타나사 자기를 낮추시고 죽기까지 복종하셨으니 곧 십자가에 죽으심이라"

나를 위하여 땅 위의 권력이 아닌 하늘의 권세를 포기하신 사랑. 그 사랑의 주인공이 자신임을 아는 게임체인저는 결코 흔들리지 않는다. 비록 자신이 대우를 받지 못하고 혹독한 날들을 보내어도 당당할 수 있다. 천국 보좌도 버리시기까지 나를 사랑하신 그 사랑 때문이다.

백마 탄 솔로몬을 만난 여인

솔로몬은 이스라엘 역사상 가장 위대한 왕이었다. 그는 전 세계에 사는 어떤 사람보다 지혜롭고 총명했다고 성경은 기록하고 있다. 그 솔로몬 왕이 다스리던 시대가 이스라엘 왕국에게 최고의 전성기였다. 이스라엘은 그 당시 주변의 나라들에 영향을 미치는 강대국이었다. 솔로몬은 수많은 재물과 세상의 부귀영화를 다 누리게 되었다. 그에게는 모자란 것이 없었다. 지식도, 지혜도, 세상의 권세도, 또 모든 재물을 다 가졌다. 솔로몬은 세상의 모든 쾌락을 다 경험했다. 사람 중에 가장 많이 누리고, 해보고 싶은 것을 다 해본 사람은 솔로몬이었다.

하루는 솔로몬이 먼 곳으로 사냥을 나갔다. 포도원 옆을 지나가고 있는데, 포도원에서 한 여인을 보았다. 그 여인은 신분이 아주 낮은 사람이었다. 부모와 오빠들의 지시로 포도원에서 일하며 햇볕에 얼굴이 새까맣게 탔다. 하지만 솔로몬은 그 여인을 뜨겁게 사랑하게 되었다.

솔로몬은 그 여인에게 사랑의 약속을 하고 궁궐로 돌아갔다. 여인은 솔로몬이 그 약속을 지켜 자신을 왕비로 맞기를 오랫동안 기다렸다. 시간이 많이 지나 그 약속이 깨진 것처럼 보였지만, 결국 솔로몬은 그녀를 궁궐로 불렀다.

이 이야기가 아가서의 내용이다. 아가서는 솔로몬 왕과 한 여인의 사랑 이야기다. 여인은 이름도 없고 아무 배경도 없는 한 비천한 여인이었다. 가장 빛나는 왕이었던 솔로몬은 이렇게 고백하였다. "나의 사랑하는 자가 내게 말하여 이르기를 나의 사랑, 내 어여쁜 자야 일어나서 함께 가자"아가2:10 여인은 식구에게서도, 주변 사람에게서도 제대로 된 사랑을 못 받았다. 그녀는 스스로가 매력이 없는 여인이라고 생각했다. 하지만 나라의 왕이 그녀의 아름다움을 발견했고, 그녀를 사랑하게 되었다.

우리들의 모습에 좋아하실 만한 것이 없어 보이지만, 주님께서는 우리를 아름답게 여기셨다. "너의 하나님 여호와가 너의 가운데에 계시니 그는 구원을 베푸실 전능자이시라 그가 너로 말미암아 기쁨을 이기지 못하시며 너를 잠잠히 사랑하시며 너로 말미암아 즐거이 부르며 기뻐하시리라 하리라"스바냐3:17 하나님께서 나의 있는 모습 그대로를 받으시면서 사랑하신다. 하나님의 그 사랑이 나를 향하기에 나는 가장 가치 있는 존재다. 이러한 사랑을 받는 사람은 그 사랑에 어울리는 모습으로 자기를 가꾸어 가야 한다.

암소 아홉 마리의 신부

아프리카의 '토고자 마을'에 가서 의료봉사를 하는 청년 의사가 있었다. 그는 현지인들을 친절히 대하면서 사역을 감당하였다. 그 의사가 들려준 이야기다.

그는 토고자 마을의 추장인 '라담'의 아들 '쿠타사'와 친해졌다. 쿠타사는 외국 유학을 마치고 돌아와 부족을 위하여 헌신하고 있었다. 쿠타사는 빈곤에 허덕이는 토고자 마을이 가난에서 벗어나도록 열심히 일했다. 이처럼 멋지게 살아가는 청년 쿠타사를 온 마을 사람들이 칭찬했다.

토고자 마을의 사람들은 쿠타사가 누구와 결혼할 것인가에 관심을 기울였다. 토고자 마을에는 신랑이 신부에게 청혼을 할 때에 특이한 풍속이 있었다. 신랑이 신부의 집으로 청혼하러 갈 때에 가축을 신부 지참금으로 몰고 가는 것이었다. 토고자 마을에서 암소 세 마리를 받은 신부는 마을이 생긴 이후로 두 명에 불과했다.

어느 날 이 마을에서 요란한 소리가 들렸다. 사람들이 바깥의 요란한 소리에 창밖을 내다보았다. 쿠타사가 마침내 청혼을 하러 가는데, 암소 아홉 마리를 끌고 가는 것이었다. 토고자 마을이 생기고 한 번도 일어난 적 없는 초유의 일이었다. 마을 사람들은 서로 신부가 누구일까 궁금해 하면서 쿠타사를 따라갔다.

그런데 쿠타사는 마을 사람들이 짐작한 예비 신부 후보들의 집을 모두 지나쳤다. 토고자 마을에서 가장 부자인 집을 지났고, 가장 지적이라는 여교사의 집을 지났다. 가장 아름다운 아가씨의 집마저

지나가자, 사람들은 술렁거리기 시작했다. '도대체 누가 쿠타사의 마음을 사로잡았을까?'

쿠타사는 마을을 가로질러 외진 곳에 있는 한 오두막에 이르러 멈춰 섰다. 그 집은 정말 허름했고, 가난한 노인이 '은타비쌩'이라는 이름의 딸과 살고 있었다. 은타비쌩은 말라깽이에다, 자기 그림자를 보고 놀랄 정도로 심약한 여인이었다. 하지만 쿠타사는 은타비쌩에게 청혼을 했다. 마을 사람들은 그들이 인정하지 않는 은타비쌩이 쿠타사를 홀리는 마법을 썼을 것이라고 수군거렸다.

쿠타사가 결혼하고 얼마 후 의사는 의료봉사를 마치고 고국으로 귀국했다. 그리고 꽤 시간이 지나서 다시 토고자 마을에 돌아왔다. 오랜만에 들른 토고자 마을은 한눈에 보아도 부유한 마을이 되어 있었다. 이렇게 멋지게 토고자를 바꾼 주역은 쿠타사였다. 그의 집을 방문하자 의사는 엄청난 환대를 받았다.

쿠타사의 부인도 의사를 기쁘게 맞았다. 그 부인은 정말로 아름답고, 기품이 있고, 지성미가 넘쳤다. 코타사의 결혼식에서 본 신부와는 다른 사람으로 보였다. 그래서 의사는 '그때의 여성과는 이혼하고 새로이 아내를 맞았군' 하고 생각했다.

쿠타사는 의사의 생각을 읽기라도 한 듯 부인을 가리키며, "선생님, 저 사람이 그때의 그 심약했던 신부입니다."라고 말했다. 의사가 믿지 못하겠다는 듯이 바라보자, 쿠타사는 이렇게 말했다.

"저는 아주 어렸을 때부터 저 사람을 사랑했습니다. 그래서 청혼할 때 암소를 몇 마리로 할까 오랫동안 고민했지요. 암소의 숫자가 아내의 가치를 결정할 기준이 되기 때문입니다. 그녀는 암소 아홉 마리 이상의 가치가 있음을 보여 주고 싶었습니다. 처음에 아내는 자신에게 암소 아홉 마리의 가치가 있는가 하고 의심했어요. 아내는 자신의 가치를 아홉 마리에 맞추려고 열심히 노력했지요. 오늘의 아내 모습은 바로 그 결과라고 저는 믿습니다." 이 말을 들은 의사는 쿠타사의 지혜로움에 감탄하며 그의 두 손을 굳게 잡았다.

하나님께서는 게임체인저가 스스로를 존귀하게 생각하기를 원하셨다. 이를 위하여 하나님께서는 암소 아홉 마리와는 비교가 안 되는 예수님을 보내 주셨다. 하나님의 게임체인저가 생각하는 자기 가치를 하나님의 아들로 끌어올리기 위해서였다. "네가 내 눈에 보배롭고 존귀하며 내가 너를 사랑하였은즉 내가 네 대신 사람들을 내어 주며 백성들이 네 생명을 대신하리니"이사야43:4

하나님의 게임체인저는 하나님의 사랑을 한 몸에 받는 존재임을 자각해야 한다. 또한 하나님의 사랑에 부끄럽지 않은 모습으로 자라야 한다.

내가 가장 비싼 이유 (4)—나에게는 사명이 있다

하나님 나라 원정대의 주인공

절대반지를 둘러싼 영화 시리즈 <반지의 제왕The Lord Of the Rings>에는 수많은 영웅들이 등장한다. 불의에 맞서 당당한 왕의 자격을 보여준 '아라곤', 눈부신 외모의 뛰어난 신궁 '레골라스', 결코 물러서지 않는 용기로 가득한 '김리', 뛰어난 지혜로 탁월한 전략을 보여주는 '간달프'. 그러나 반지의 제왕에서 가장 중요한 역할을 하는 주인공은 '프로도'였다.

프로도는 난쟁이 종족인 호빗족이다. 프로도는 용맹하지 못하여 반지를 운반하는 여정 중에 계속해서 찔리고 상처를 입고는 한다. 절대반지의 악령 '나즈굴'의 칼에, 흉측한 괴물인 '트롤'의 창에, 거대한 식인거미 '실롭'의 독침에 찔린다. 프로도는 여정 중 어려움을 만나면 주어진 사명을 쉽게 포기하려고 했다. 의지가 약하여 계속 포기하려는 마음이 있었고, 결정적인 순간에는 반지가 뿜어내는 유혹에 눈이 멀어 버리기도 한다.

그럼에도 프로도가 반지의 원정대에서 가장 중요한 이유는, 그가 '반지 운반자'이기 때문이다.

키가 작고 약한 난쟁이면서도, 그에게는 반지를 운반하는 그 사명이 있다. 그에게는 수많은 결점이 있었지만, 반지를 운반하는 그 사명을 가진 단 한 가지 이유만으로 그는 가장 중요한 존재가 된다. 프로도의 사명을 잘 감당하도록 그의 동료들은 목숨을 바쳐 가면서 돕는다. 이처럼 가장 중요한 사명을 가진 사람이 가장 중요한 존재가 된다.

하나님의 손에 붙들려 어두운 역사의 문을 열었던 사람들! 그들은 세상의 기준으로 볼 때는 하나님의 나라에 도움이 되지 않을 사람들이었다. 불꽃시대를 열어가는 게임체인저들은 항상 기억을 해야 한다. 어제의 상황이 우리를 규정하지 않는다. 오늘의 형편이 우리를 결정하지 않는다. 내일의 기대가 우리를 지배하지 않는다. 하나님께서는 세상이 보기엔 가치 없는 것들을 얼마든지 사용하신다.

오늘날 많은 이들이 자존감을 상실한 채로 삶을 허비하고 방황하고 있다. 세상이 우리에게 붙이는 가격표에 주눅들 이유가 없다. 사람들이 우리를 평가하는 소리에 따라 우리가 왜소해져서는 안 된다. 주변의 상황, 환경들은 우리들의 가치를 결정하는 기준이 아니다.

그러므로 우리에게 주어진 상황은 우리들의 삶을 결정하는 변수가 되지 못한다. 세상의 그 어떤 평가들이 나를 소중하게 생각하지 않더라도 우리는 존귀한 존재이다. 우리는 하나님의 작품이며, 예수님짜리 사람이기 때문이다. 그리고 가장 위대한 사명을 가지고 있기 때문이다. 우리 주변의 상황이 어떠하던, 그러한 것들은 우리들의 가치를 결정하지 못한다.

So What?

래퍼 '비와이Bewhy'는 <So what>이라는 곡에서 이렇게 노래한다.

사람들이 말하길 내 겉모습은 양아치
허나 내 심장엔 예수의 피 이게 내 가치
그를 자랑함이 가장 나답지
So what So what
내가 걸어갈 때 길이 되고 살아갈 때 삶이 되는 그곳에서 I do it

사람들은 그를 양아치라고 부른다. 그런데 남들에게 보이는 것이 전부가 아니다. 다른 사람들의 시각에는 드러나지 않는 그의 내부에는 예수의 피가 흐른다. 그 예수의 피가 그의 진정한 가치인 것이다. 사람들 사이에서 돋보이지 않는다고, So What? 가정 형편이 어렵다고, So What? 주어진 길을 나는 묵묵히 갈 뿐이다. 이러한 메시지를 붙드는 이를 하나님께서는 게임체인저로 사용하신다.

불꽃시대를 열어갈 게임체인저가 가져야 할 첫 번째의 열쇠는 '자존감'이다. 게임체인저로 쓰임을 받으려면 자신을 소중하고 중요하게 여기는 자존감을 회복해야 한다. 하나님께서는 이러한 자존감을 가진 이들을 게임체인저로 사용하시기 때문이다.

세상의 존재감은 세상의 무엇을 가지거나 성취해서 오는 것이다. 많은 사람들이 남들과 다른 특별한 것을 획득하면서 자존감을 얻는다. 그러나 게임체인저의 자존감은 주변의 다른 사람들보다 나은 여건에서 느끼는 만족감이 아니다.

하나님의 시각으로 자기가 어떤 존재인지를 깨달을 때에 진짜 자존감이 생긴다. 하나님 안에서 자기의 존귀함을 깨달을 때 불꽃시대를 열어갈 첫 열쇠를 가지게 된다.

⚷ 첫 번째 열쇠 다듬기

1) 하나님의 게임체인저는 과거의 상처에 발목 잡히지 않는다. 현재의 환경에 지배 당하지 않는다. 미래에 대한 걱정에 사로잡히지 않는다.

2) 하나님의 게임체인저는 다른 사람들의 인정에 목매지 않는다. 하나님의 게임체 인저는 자신의 가치를 스스로 증명한다.

3) 하나님의 게임체인저는 그 어떤 위기 상황에서도 흔들리지 않는다. 거듭되는 재 난들을 만났던 요셉은 언제나 태연하였다. 혹독한 조건하에서도 다니엘은 오히 려 최강의 제국과 환경을 압도한다. 자기의 계획이 완전히 어그러졌어도 바울은 완벽하게 적응한다.

4) 하나님의 게임체인저는 최고의 자부심으로 언제나 당당하다. 자신이 하나님께 서 만드신 최고의 작품임을 알고 자부심을 가진다. 자신이 예수님의 피로 값주 고 사신 명품임을 언제나 확신한다. 자신이 최고의 사랑을 받음으로 인해 스스 로 빛난다. 자신에게만 허락된 사명을 기꺼이 감당한다.

<내가 대답해야 하는 질문>

*내가 열등감을 느끼거나 소외감을 느끼는 상황이 있는가?

_____

_____

* 내가 자부심을 느낀 적은 언제인가?

_____

_____

* 내가 하나님의 작품이라는 것이 언제 실감이 나는가?

_____

_____

* 나의 소중한 가치를 나의 표현으로 기록해보자 *

_____

_____

_____

두 번째 열쇠: 비전—VISION

하나님의 게임체인저는
꿈을 향하여 살아간다.

하나님의 게임체인저들은
세속적인 꿈들과는 다른 꿈을 품는다.

하나님의 게임체인저들의 꿈은
하나님께서 주시고 이루신다.

1. 꿈의 리트머스

꿈은 상당한 힘을 가지고 있다. 꿈은 균형추가 되어서, 시련 속에서 흔들리더라도 곧 중심을 잡게 한다. 꿈은 방향타가 되어서 보이지 않는 절망 속에서도 나아갈 방향을 잡게 한다. 꿈은 동력이 되어서 그 꿈을 이루기 위하여 세차게 나아가게 한다.

꿈을 갖는 것은 정말 중요한 일이다. 미국의 작가 나다니엘 호손Nathaniel Hawthorne의 『큰 바위 얼굴』이라는 소설에서는 꿈의 중요성을 말한다. 정말 품격이 있는 큰 바위 얼굴을 바라보면서 자라나 살아 온 '어네스트'는 말년에 보니 그의 얼굴이 큰 바위 얼굴을 닮아 있었다. 프랑스의 작가 앙드레 말로André Malraux는 "오랫동안 꿈을 그리는 사람은 그 꿈을 닮아간다"라고 했다. 그러므로 꿈을 갖는다는 것은 그의 삶의 방향을 결정하는 일이다.

계란을 독수리가 품어도 계란에서는 독수리가 아니라 병아리가 태어난다. 독수리의 알을 닭이 품는대도 태어나는 것은 독수리다. 이처럼 인생은 품는 꿈을 따라서 이루어지게 된다.

모든 꿈이 다 의미 있고 가치 있는 것은 아니다. 열심히 수고하여 꿈을 이루었는데, 그 꿈이 무의미한 것이라면 참 안타까운 일이다. 그 꿈을 이루는 과정에서 다른 사람들에게 피해를 줄 수 있다. 그 꿈이 이루어진 결과가 다른 이들에게 해를 끼치는 것일 수도 있다.

하지만 하나님의 게임체인저가 가진 꿈은 수많은 이들을 살린다. 그 꿈은 또 다른 이들에게 새로운 꿈을 갖게 한다. 때로는 소망하던 그 꿈이 결국 이루어지지 않고 삶이 끝날 수도 있다. 하지만 설령 그렇더라도, 그 꿈을 위한 노력이 도리어 더욱 거룩한 영향력을 미칠 수 있다.

누구나 꿈을 품고 사는 것이 중요하다고들 강조한다. 하지만 정말 중요한 것은 좋은 꿈을 품는 것이다. 투명한 용액이 산성인지, 알칼리성인지 구별이 안 될 때가 있다. 산성과 알칼리성을 구분하지 않고 사용하면 낭패를 볼 수 있다. 그렇다고 이를 확인하기 위하여 마셔 볼 필요는 없다. 산성과 알칼리성을 구분하려면 리트머스 시험지를 활용하면 된다. 리트머스 시험지가 빨갛게 변하면 산성, 파랗게 변하면 알칼리성이라는 것이 증명된다. 마찬가지로 꿈은 세 가지로 구분할 수 있다.

(1) 욕망(DESIRE)

내 몸속에는 콜라가 흐른다

지금은 IT기업 애플Apple이나 아마존Amazon이 기업 브랜드 가치에서 일 등을 다툰다. 그러나 꽤 오랫동안 이들 기업을 누르고 브랜드 가치 1위를 차지하던 브랜드가 있다. 바로 '코카콜라Coca-Cola'다.

1886년 애틀랜타의 약제사 펨버턴John Pemberton이 당시 유행하던 코카Coca 잎과 콜라Cola 열매 추출물이 들어간 건강 음료를 만들어 '코카콜라'라는 이름으로 판매를 시작했다. 1891년 에이서 캔들러Asa Candler가 제조권과 판매권을 매입하고 현재의 유명한 회사 로고를 확립하였고, 1919년에 코카콜라를 인수한 어니스트 우드러프 Ernest Woodruff를 이어 그의 아들 로버트Robert 우드러프 때에 현재의 기업 형태를 갖추었다.

코카콜라는 전 세계 청량음료시장을 절반 가까이 점유하고 있다. 2022년 현재 UN 가입국은 193개국인데, 코카콜라가 들어간 나라가 그보다 더 많을 정도이다. 만들어질 당시에 유행하던 비슷비슷한 건강음료 중 하나에 불과하였던 코카콜라는 어떻게 이렇게 세계적인 브랜드가 되었을까?

코카콜라의 사장이었던 로버트 우드러프는 이런 말로 각오를 다졌다. "내 혈관 속에는 피가 흐르는 것이 아니라, 콜라가 흐른다." 그는 전 세계 60억 인구 중 한 사람도 빠짐없이 콜라를 먹이겠다고 결심하였다. 이러한 남다른 각오로 코카콜라가 엄청난 성공을 거두게 되었다.

내 안의 피는 파랗다

한국 최초의 메이저리거 박찬호 선수를 마치 양아들로 아긴 토미 라소다Tommy Lasorda 감독은 미국 프로야구 LA 다저스Dodgers 야구단을 상징하는 인물 중 한 명이다. 그의 등번호인 2번은 다른 누구도 달 수 없는 영구결번으로 정해져 있다.

그는 감독으로는 열네 번째로 미국 프로야구 '명예의 전당Hall of Fame, HOF'에 이름을 올렸다. 1944년에 고교를 졸업한 이후 부사장으로 재직하기까지 61년간 다저스에만 몸담았다. 20년간의 감독 생활을 청산하는 날에는 "내 몸 속의 피는 파랗다"라고 하였다. LA 다저스를 상징하는 색은 '다저 블루Dodger blue'라고 불리는 파란색이다. 그가 온 생애를 보내었던 LA 다저스였기에 한 말이었다.

이처럼, 하나의 목표를 결정하고 그것을 이루기 위해 남다른 노력을 하는 모습은 대단히 아름답다. 오랜 시간에 걸쳐 자기의 꿈을 이루는 것을 삶의 목표로 세우며 살아가는 것이다. 이렇게 해서 마침내 자기의 원하는 바를 달성한 사람은 큰 보람을 느끼고, 많은 이들의 부러움을 산다.

그러나 이런 꿈들이 결국 개인의 '욕망desire'에 지나지 않을 때가 많다. 철저히 개인적인 욕구에서 시작된 꿈들이다. 자기를 위해 욕심을 채우려고 노력하는 것이다. 꿈이라고 말은 하지만 결국은 욕망에 지나지 않는다.

이러한 개인적인 욕망과는 차원이 다른 꿈이 있다. 자기 욕망에서 나온 소원보다 훨씬 커다란 것이다. 기껏해야 자기가 다니는 기업의 성공을 욕망하는 그런 것보다 범위가 더 넓다. 그러한 꿈을 야망이라고 한다. 야망은 개인의 만족을 위한 욕망과는 차이가 있다. 야만은 개인을 넘어서 민족, 사회, 혹은 인류를 향한 꿈이다.

(2) 야망(AMBITION)

30년 후 나는 대통령이 된다.

미국에서 외진 지역에서 살아가던 한 소년은 불우한 시절을 보내야 했다. 그의 친아버지는 그가 태어나기 전에 교통사고를 만나 세상을 떠났다. 엄마가 재혼한 새아버지는 술주정뱅이였으며 폭력을 일삼는 사나운 사람이었다. 심지어는 그 소년의 어머니를 향하여 총격을 가하기도 하였다.

그 소년은 고등학생 때에 백악관을 방문하여, 존 F. 케네디John F. Kennedy 대통령을 만났다. 그 소년은 대통령을 만나는 순간, 놀라운 꿈을 품게 되었다. 자신도 훌륭한 미국 대통령이 되고 싶다는 꿈이었다. 그 꿈이 그의 안에서 작동하면서, 그의 삶은 달라졌다.

그는 그 꿈을 포기하지 않고 노력하였다. 자기의 불리한 환경을 극복하기 위하여 몸부림을 치면서 승승장구하게 되었다. 그는 32세의 나이에 최연소 주지사가 되었다. 또한 46세에는 불리하다는 예측에도 불구하고 미국의 42대 대통령이 되었다. 미국의 대통령이 되어야겠다는 결심을 한 지 30년 만에 그 꿈을 이루었다. 그가 빌 클린턴Bill Clinton 대통령이었다.

클린턴의 어린 시절은 대통령이 되는 것과는 거리가 너무 멀었다. 그는 8년간의 대통령 재임 기간 이후에, 가장 높은 퇴임 지지율을 기록했다. 그가 대통령이 될 가능성보다 실패할 확률이 더욱 높았다. 하지만 클린턴은 꿈을 포기하지 않았고, 마침내는 그 꿈을 이루었다.

아프리카의 자유를 위하여

1990년대 중반까지 남아프리카 공화국은 가장 대표적인 인종차별 국가였다. 흑백 인종차별 정책을 노골적으로 집행하였던 이 나라에서, 한 흑인이 꿈을 가졌다. 그것은 조국이 인종차별이 없는 나라가 되는 것이었다. 이를 위하여 그는 자기의 삶을 바쳤다. 투옥을 당하면서 심각한 고통을 겪었다.

어떤 핍박과 박해에도 굴하지 않았던 그는 마침내 그 소원을 이루었다. 백인의 무자비한 통치가 막을 내렸고, 그는 남아공 최초의 흑인 대통령으로 취임하였다. 대통령이 된 그는 권력을 보복하는 데 쓰지 않고, 흑백 화합을 이루어 내었다. 결국 그가 오랫동안 가졌던 꿈이 마침내 이루어졌다. 이러한 업적을 남긴 넬슨 만델라Nelson Mandela 대통령은 노벨 평화상을 받기에 이르렀다.

이러한 꿈을 우리는 '야망ambition'이라고 한다. 욕망은 개인이 이루고 싶은 꿈이지만, 야망은 나라와 인류를 향한다. 사회와 민족, 혹은 인류를 향하여 원대한 야망은 개인의 욕망과 차이가 난다. 자신의 이익보다 더 큰 세상의 이익을 생각하는 야망은 욕망보다는 훨씬 가치가 있다. 그러나 엄밀하게 살펴보면 욕망과 야망은 그 본질에 있어서는 큰 차이가 나지 않는다.

지진이 무너뜨린 꿈

1995년 1월 17일, 일본 고베에서 진도 7.2의 엄청난 지진이 발생하였다. 죽은 사람만 6,370명에 이르렀고, 10만 채의 건물 파손되었다. 일본의 자존심이었던 한신 고가 고속도로도 붕괴되었다. 총 피해규모는 1,400조 원에 이르렀다. 이 재난이 터지고 난 이후, 각 방송사들은 생방송으로 그 처절한 현장을 중계하였다.

나는 그 수많은 방송 중에서 아직도 선명하게 기억이 나는 장면이 있다. 망연자실하게 통곡하던 70이 훨씬 넘은 한 노인을 리포터가 인터뷰하였다. 그 노인은 어린 시절부터 그의 평생을 빌딩을 하나 세우기 위해 보냈다고 했다. 먹을 것, 입을 것에 쓰지 않고 60년을 수고만 하여, 어제 겨우 12층 건물을 준공하였다. 그 건물은 자기 평생의 결실이었으니 주변의 사람들을 초청하여 축하 잔치를 열었다. 그리고 그 새벽에 지진이 덮치면서 그 건물은 완전히 붕괴해 버리고 말았다. 미처 보험을 들지도 못했기에 그의 인생은 한 더미의 폐허로만 남아 버렸다.

욕망과 야망을 위하여 살아가는 인생은 결국에는 이처럼 허탄한 결말로 끝난다. 자기의 욕망과 야망을 이룩했지만, 그 꿈의 결실은 오래가지 못한다.

욕망과 야망은 초딩의 꿈

초등학교 4학년으로 보이는 학생들이 등굣길에 나눈 놀라운 대화를 들은 적이 있다.

"야, 너 돈 안 갚을 거냐?"

"아, 알았어. 갚으면 되잖아."

"빨리 갚아라. 지금 이자가 많이 쌓이고 있다."

"그래, 알았다. 그런데 얼마인데?"

"얼마냐 하면, 가만, 장부를 좀 보고."

초등학생들의 대화치고는 너무도 살벌한 느낌이 들어서 나는 걸음을 멈추었다. 그리고 그들의 그 광경을 주목하여 보았다.

"음, 네가 갚을 돈이 모두 40만 원이야."

그 말을 듣고 얼마나 놀랐는지 모른다. '요즘 초등학생들이 대단하다고 하더니, 정말 장난이 아니구나' 생각했다. 그리고 그 결말이 궁금하여 계속 지켜보니 더욱 놀라운 대화들이 오갔다.

"알았어. 빨리 갚아줄게. 그런데 지금은 100만 원짜리 수표밖에 없어."

"잔돈은 내가 항상 가지고 다니지. 얼른 줘."

나는 그 말을 듣고 귀를 의심하였다. 그런데 그 초등학생은 태연하게 지갑에서 백만 원짜리 수표를 건네주었다. 그 친구는 그 수표를 받고는, 십만 원짜리 수표 다섯 장과 만 원 지폐 10장을 돌려주었다. 내가 더욱 놀란 것은, 그 지폐는 문방구에서 파는 가짜 돈이었기 때문이었다.

그런 돈은 아무리 많이 모은들 사용할 수가 없다. 있는 힘을 다하여 많은 액수를 벌어들여도 실제 가치는 전혀 없는 것이다. 욕망과 야망이란 이러한 초등학생들의 꿈과 같은 것이다. 모든 것을 희생하여 그것을 얻어도, 그 결국은 허탈하게 끝나게 된다. 수많은 사람의 부러움을 한 몸에 받는다고 하더라도, 공허함으로 마친다.

전도서의 저자는 이 세상의 모든 좋은 것들을 섭렵했다. 그리고 그 허망함을 경고하고 있다. "전도자가 가로되 헛되고 헛되며 헛되고 헛되니 모든 것이 헛되도다"전도서1:2 욕망과 야망은 사이즈는 다르지만 결국 사람에게서 출발한다. 사람이 하고 싶고 원하는 꿈이기 때문이다. 욕망과 야망은 사람이 만들어 간다. 자신이 동원할 수 있는 모든 자원들을 끌어 모아 쏟아 붓는다.

간절한 욕망과 놀라운 야망은 달성될 수 있다. 이를 성취한 사람들을 향한 엄청난 부러움을 한 몸에 누릴 수 있다. 하지만 그 어떤 성취된 욕망과 야망이라도 녹슬고, 결국은 사라지고 만다.

(3) 비전(VISION)

욕망과 야망과는 전혀 다른 꿈이 있다. 그것은 '비전vision'이다. 비전은 욕망과 야망과는 완전히 다르다. 욕망과 야망은 사람에게서 시작하지만, 비전은 하나님께로부터 시작한다. 욕망과 야망은 사람이 자기 힘으로 이루어 가지만, 비전은 하나님께서 그분의 능력으로 일하신다. 욕망과 야망은 사람이 완공하지만, 비전은 하나님께서 완성하신다.

욕망과 야망은 시간이 지나면 시들지만, 비전은 새로운 비전으로 이어진다. 욕망과 야망이 커다란 성과를 거두기도 하지만, 또 다른 모순으로 이어진다. 욕망과 야망이 완성되어 평안을 얻는 듯하지만, 그 평안은 결국은 소멸된다.

비전은 욕망과 야망과는 달리 주변의 상황을 변화시킨다. 비전이 시작될 때에는 비현실적으로 보이지만, 기대보다 큰 영광으로 완성된다. 비전을 가로막는 장애물들과 방해물들이 있더라도 마침내 승리를 거둔다. 메가mega급의 고난이 오면, 기가giga, 1000메가급의 믿음으로 돌파한다. 기가급의 시련이 오면, 테라tera, 1000기가급의 은혜로 극복한다.

때로는 비전이 큰 성과를 거두지 못한 채 끝난 것처럼 보이기도 한다. 하지만 하나님께서 주신 비전은 그 상황을 새로운 시작으로 바꾼다. 남들이 보기에는 처절한 실패처럼 보여도 새로운 비전으로 재탄생된다. 이러한 하나님의 비전이 그 속에서 작동하는 사람이 게임체인저다.

2. 비전의 게임체인저

하나님의 게임체인저는 하나님으로부터 비전을 받는다. 하나님의 게임체인저는 그 비전을 위한 삶을 살아간다. 비전은 하나님의 때에, 하나님의 방법으로 마침내 이루어진다.

하나님의 사용설명서

첨단 전자제품에는 이전에 볼 수 없었던 특이한 기능들이 첨가되어 나온다. 그러한 기능들을 제대로 활용하려면 사용설명서를 꼼꼼하게 살펴보아야 한다. 사용설명서를 잘 숙지해야 그 제품을 효과적으로 사용할 수 있다. 사용설명서를 제대로 이해하지 못한다면 그 제품의 기능을 활용하지 못하게 된다.

비전은 하나님께서 각 사람에게 주신 특별한 기능들을 보여 주는 사용설명서와 같다. 하나님께 쓰임을 받은 게임체인저들은 하나님께서 자신들 안에 펼쳐 놓으신 사용설명서들을 충분히 보았다. 그리고 그들의 생애를 그 사용설명서가 지시하는 대로 충분히 구현하면서 살았다.

요셉은 17세에 하나님의 비전을 보았다. 하늘의 해와 달과 별이 자기에게 절을 하는 위대한 꿈이었다. 다윗도 그가 소년일 때에 비전을 받았다. 하나님께서 보내신 선지자 사무엘에게 기름 부음을 받아 이스라엘의 왕이 되는 비전을 보았다. 다니엘도 그가 소년이었을 때에 하나님께서 주시는 이상들을 보았다. 그들을 사용하기를 원하시는 하나님의 사용설명서를 충분히 재현하는 삶을 살았다.

이처럼 하나님 앞에 쓰임을 받는 모든 이들은 하나님의 비전을 보았다. 삶의 방향을 결정하는 청소년기에 하나님의 비전을 보고 붙잡아야 한다. 그 비전의 출발은 하나님이시다. 비전은 사람에게서 출발하는 야망이나 욕망과는 다르다. 하나님께서는 비전을 간구할 때에 하나님께서 보여 주신다고 약속하셨다. 하나님께서는 반드시 하나님의 사람들에게 먼저 보여 주신다. "여호와께서는 자기의 비밀을 그 종 선지자들에게 보이지 아니하시고는 결코 행하심이 없으시리라"아모스3:7 하나님께서는 구하는 자에게 응답하시며, 하나님의 소원을 보여 주신다. "너는 내게 부르짖으라 내가 네게 응답하겠고 네가 알지 못하는 크고 비밀한 일을 네게 보이리라"예레미야33:3

누구든지 친한 사람에게는 자기의 생각과 뜻을 나눈다. 친한 만큼 자세하게 말한다. 하나님과 친밀하게 지내는 이들에게 하나님께서는 그분의 비전을 보여 주신다. 그러므로 하나님의 게임체인저로 쓰임을 받으려면 하나님과 깊은 사귐을 가져야 한다. 하나님과의 충분한 교제 속에서 하나님께서는 하나님의 비전을 보여 주신다.

한 사람이면 충분하다

한 사람은 세상을 충분히 바꿀 힘을 가지고 있다. 꿈은 사람을 불붙게 하여 움직이게 하는 힘을 지니고 있다. 꿈을 가진 사람은 현재를 살지 않고 미래를 바라보며 그 미래를 만들어 간다.

그러나 꿈이라고 하여서 모두가 같은 꿈이 아니라고 앞서 말했다. 다시 말하지만, 욕망과 야망은 사람에게서 시작하여 사람으로 끝나게 된다. 욕망은 자기 개인의 만족을 위하여 개인적인 소유, 획득, 성취를 꿈꾼다. 야망은 자기 개인이 아닌 사회, 국가, 인류를 대상으로 사회정의의 실현을 꿈꾼다. 욕망과 야망은 사람에게서 시작하고 사람이 이루어 가기에 무한대의 노력을 요구한다. 욕망과 야망을 성취하려고 엄청난 노력하여 마침내 이루어도, 결국 허망하게 사라져 버린다.

비전은 사람이 가지는 것이 아니라, 하나님으로부터 받는 것이다. 비전은 하나님께서 시작하시고 하나님께서 완성하시기 때문이다. 비전은 자기 자신만 만족하는 것이 아니라, 그 주변까지 변화시킨다. 게임체인저는 하나님께서 주신 그 비전에 사로잡혀 하나님께서 이루어 가시는 소원으로 산다.

그 사람이 어떤 조건과 상황에 처하여 있는가는 전혀 중요하지 않다. 하나님의 비전을 이루는 데는 그러한 것들이 중요한 것이 아니기 때문이다. 비전을 품은 게임체인저는 좌절과 절망과는 거리가 멀다. 그저 그 비전을 이루어 나가시는 하나님을 의지한다.

하나님께서는 각 사람에게 허락하신 특별한 재능들을 통하여 그 비전을 이루어 가신다. 하나님께서는 기도하고 구하는 자에게 그를 통하여 이루실 비전을 보여 주신다. 게임체인저는 그에게 보여 주신 하나님의 비전을 품고 살아간다.

하나님의 게임체인저들은 하나님의 비전을 붙들고 살아간다. 지금은 단지 희망사항에 불과하며, 현실성이 없게 보여도 잠시 후에는 이루어진다. 일을 지어 성취하시는 여호와께서 그 일들을 붙드시고 역사하시기 때문이다. 하나님께서 그 생애를 통하여 역사하시는 소원을 품고 살아간다. 그러한 소원을 품고 살아가는 이들을 통하여 하나님께서는 역사를 이루어 가신다. 비전은 하나님께서 시작하시고 하나님께서 이루어 가시는 영원불멸의 소원이다.

윌버포스가 발견한 비전

윌리엄 윌버포스William Wilberforce는 그가 25세이던 1874년에 예수님을 믿게 되었다. 그는 예수님을 영접하고, "그리스도인으로서 무엇을 할 수 있을 것인가"를 생각했다. 윌버포스의 꿈이 비전이 되는 것은, 그 꿈은 자신에게서 나온 것이 아니었기 때문이다.

윌버포스는 원래 목회자가 되려고 하였다. 자기의 장래를 두고 고민할 때에 찾아간 존 뉴턴John Newton 목사님은 그에게 다른 길을 제시했다. "자네에게는 영국의 국회가 자네의 목양지이네." 그 말에 윌버포스는 목회자가 되려는 뜻을 내려놓았다.

그 당시의 영국은 노예무역을 통하여 막대한 부를 축적하였다. 18세기 말 영국에서 아프리카 흑인을 강제로 노예로 만들어 유럽에 파는 노예무역은 국가를 지탱하는 핵심 사업이었다. 당시의 노예무역은 영국 국가 수입원의 삼분의 일을 차지할 정도였다. 윌버포스는 이것이 하나님 앞에서 심각한 죄라고 생각하고, 노예제도 폐지 운동을 시작하였다.

윌버포스는 자기 생각대로 하나님을 위하여 섬기고 싶은 소원을 포기했다. 윌버포스는 하나님께서 자기를 통하여 이루기를 원하시는 하나님의 소원을 보았다. 윌버포스는 하나님께서 자기에게 보여주신 그 비전을 이루는 데 자기 삶을 바쳤다.

윌버포스의 헌신

노예제도를 폐지하기 위해 윌버포스는 정치인이 되려고 결심하였다. 이것이 진정한 '비전'이다. 비전은 단순히 어떤 직업인이 되는 것이 아니다. 비전은 특정한 지위에 올라서는 것이 아니다. 비전은 '무엇을 할 것인가' 하는 목표가 있어야 한다.

윌버포스는 30세인 1789년에 영국 국회의 하원의원이 되었다. 국회의원이 된 윌버포스는 곧장 노예제도 폐지 운동을 시작하였다. 당시 정치인들의 대부분은 노예무역으로 재산을 쌓았다. 그 때문에 대부분의 국회의원들이 윌버포스에게 운동을 그만두라고 압박했다. 그럼에도 윌버포스는 그 일을 계속해서 진행했다.

1791년에 노예무역 폐지 법안을 의회에 제출하고 연설했지만 하원에서 8표 차이로 패배했다. 1793년에는 2표 차이로 패배했고, 1794년에는 4표 차이로 패배했다. 1797년에는 74대 82, 1798년에는 83대 87, 1799년에는 54대 84로 연거푸 패배했다. 1804년에는 하원에서는 124대 49로 이겼지만, 귀족들로 구성된 상원에서 패배하고 말았다. 1805년에도 70대 77로 패배했다.

이 모든 실패의 과정을 거치면서도 윌버포스는 결코 물러서지 않았다. 윌버포스는 반대가 강해질수록 더욱 강력한 믿음으로 돌파했다. 기득권을 가진 이들은 노예무역으로 막대한 재산을 이루었기에 강력하게 반대했다. 그들은 윌버포스를 비난하며 실제로 암살을 시도하기도 했다. 하지만 그러한 공격들은 윌버포스의 결심을 더욱 확고하게 했을 뿐이었다.

윌버포스의 비전이 완성될 때

윌버포스가 하나님께서 주신 비전을 품고 도전하기 시작한 지 18년 만에 역사가 일어났다. 1807년에 마침내 283대 16이라는 압도적인 차이로 노예무역 금지 법안이 통과되었고, 영국의회에서는 노예무역 폐지를 결정하였다. 그가 48세 되던 해였다.

윌버포스는 이에 만족하지 않고 개혁을 계속하였다. 그리고 1824년, 윌버포스가 62세가 되던 해에 영국에서 노예제도가 폐지된다. 그가 72세 되던 1833년의 7월 26일에는 영국의 모든 노예를 1년 내에 해방한다는 법안이 국회를 통과하였다. 윌버포스는 이 소식을 병상에서 들었고, 사흘 후에 하나님의 부르심을 받았다.

1834년 7월 31일 밤 12시, 정각을 기하여 약 팔십만 명의 흑인 노예들이 자유를 얻게 되었다. 윌버포스는 무려 300년 동안 자행되어 오던 야만의 시대를 끝내는 하나님의 게임체인저였다.

이것이 비전이다. 이것이 비전에 붙들려 살아가는 인생이다. 윌버포스의 평생의 꿈인 이 비전은 자신의 이익을 위한 것이 아니었다. 윌버포스는 '영국의 양심'이었으며, 그 한 사람 때문에 영국의 역사가 달라졌다.

윌버포스의 비전은 흘러간다

윌버포스가 살았던 비전의 삶은 영국 안에만 머물지 않았다. 프랑스에서는 1834년에서 노예 폐지 협회가 결성되었다. 14년 후인 1848년에는 노예 완전 해방 결의가 이루어졌다. 미국에서도 1833년에 노예제도 반대 협회가 생겼으며, 30년 후인 1863년에 링컨 대통령이 노예 해방 선언을 하면서 노예 해방이 이루어졌다.

하나님의 형상인 사람을 노예로 부리던 그 어두운 시대에, 하나님의 게임체인저 윌리엄 윌버포스는 노예 해방의 역할로 부름을 받았고 사명을 다했다. 그 당시의 재력가들은 자기의 주수입인 노예무역을 끝내려는 윌버포스를 공격했다. 무서운 협박과 테러들이 쏟아졌다. 윌버포스가 상대한 것은 지치지 않고 멈추지도 않는 거대한 구조적 악이었다. 그러나 윌버포스는 무릎을 꿇지 않았다. 흔들리지 않았다.

그것은 윌버포스 개인의 능력과 힘 때문이 아니었다. 하나님께서 사용하시는 게임체인저들을 견고히 붙드시고 역사하시기 때문이다. 이 세상의 그 어떤 막강한 권세도 하나님의 게임체인저를 이길 수 없기 때문이다. 중국 북경에서 나비가 한 날갯짓이 뉴욕에서 거대한 폭풍을 일으킨다는 '나비효과Butterfly Effect'라는 이론이 있다. 아무리 작은 현상이라도 주변에 영향력을 끼친다는 것이다.

하나님의 비전은 한 사람 안에 머물지 않는다. 하나님의 비전은 주변에 강력한 파장을 일으킨다. 하나님의 비전을 위해 살면, 그 영향을 받은 다른 사람 안에서 지속적으로 살아남는다. 그 비전들을 이루는 사람들로 말미암아 하나님의 나라는 완성되어 간다.

나의 비전

어설픈 신학교 시절에 청소년 사역을 시작하고 38년의 세월 동안 섬겨 왔다. 나는 청소년 사역을 시작하면서 세 가지의 비전을 품었다.

첫 번째는 100만 명의 영혼들에게 복음을 전하는 것이다. 그러므로 말씀을 전할 기회가 주어진다면 그 어떤 자리에도 기쁨으로 가려고 한다. 그 기회를 통해, 방황하는 영혼들 모두가 하나님의 비전을 보게 되기를 소원한다. 그러한 말씀을 증언하는 하나님의 스피커로 쓰임 받게 되기를 간절히 사모하고 있다. 방황하고 좌절하는 영혼들이 말씀으로 일어서는 그 사역을 기쁨으로 수종 들고 있다.

두 번째는, 20권의 베스트 셀러를 쓰는 것이다. 직접 못 가는 곳에 책이 전해져서 그곳 사람들과 은혜를 나누기를 소망하고 있다. 활자를 통해서라도, 하나님께서 각 사람에게 은혜를 끼치시기를 소망하는 것이다.

2005년에 SFC출판부를 통해 발간된 『불꽃시대를 열어가는 불꽃세대』는 2005년도 한국기독교출판문화상 청소년부문에 선정되었다. 지방의 무명 사역자의 이 책을 읽고 은혜를 받았다며, 이천 목사님께서 <불꽃세대>라는 찬양을 만들어 주셨다. 찬양팀 '소리엘'이 부른 이 찬양이 많은 분들에게 알려졌다. 여러 교회와 단체에서 이 찬양으로 특송을 하는 것을 볼 때마다 신기하고 놀랍다. 믿을 수 없는 일들의 연속이었다. 어설픈 문장들로 이루어진 한 권의 책이 일으키는 신기한 영향력이 참 감격스럽다.

I am Writer, You are Reader

정말 놀라운 사건이 그로부터 12년 후에 일어났다. 2017년에 밴쿠버 유스코스타Youth KOSTA를 섬길 때에 다니엘 리Daniel Rhee 목사님을 만났다. 깊고 친밀한 메시지로 코스탄들을 섬기는 모습에 깊은 도전을 받았다. 강단 아래에서는 한없이 겸손하시고 친절하신 모습에 감동을 받았다.

당시에 다니엘 리 목사님은 시애틀에서 사역하셨다. 시애틀은 내가 정말 방문하고 싶은 도시였기에 더욱 친밀감이 느껴졌다. 코스타 집회를 마치고 강사님들과 교제를 나누면서 놀라운 사실을 알게 되었다. 다니엘 리 목사님이 미국에서 청소년사역을 시작할 때 자문을 구했다고 하셨다. 그러던 중에 목사님의 아버님으로부터 한 권의 책을 선물받으셨다. 청소년 사역을 하려면 이 책이 꼭 필요하다고 주셨다는 것이다. 그 책이 놀랍게도 내가 쓴 『불꽃시대를 열어가는 불꽃세대』였다.

다니엘 리 목사님은 이 책을 읽고 큰 동기부여가 되고 힘이 되었다고 하셨다. 나는 아직까지 미국을 방문한 적이 없다. 코스타가 시작되었고 PASSION 집회가 왕성하게 일어난 미국 동부의 학구적인 분위기와, 서부의 열정적인 분위기를 경험해 보고 싶었다. 그럼에도 미국으로 가는 길은 아직도 내게는 굳게 닫혀있다.

그러나 이 책이 출간되고 미국 뉴저지에서 이 책을 읽고 은혜 받았다는 메일을 받은 것이 기억난다. 나는 미국에 못 갔어도, 내가 쓴 책은 국경을 넘어 이미 미국에서 사역을 하고 있었다.

어설픈 한 권의 책인데도, 그 책이 여러 분들에게 읽혔다는 사실이 놀라웠다. 게다가 정말 귀한 사역을 하시는 목사님에게 도움이 되었다는 것은 설명하기 힘들 정도로 기쁜 일이었다. 그 놀라운 이야기를 듣고, 나는 벅찬 감동으로 이렇게 말했던 것이 기억난다. "I am writer, You are reader. You are leader for the Youth." 한 사람을 통하여 이루신 하나님의 비전은 다른 사람을 꿈꾸게 한다.

2007년에 나의 두 번째 책『기적의 교향곡』이 발간되었다. 그리고 놀랍게도 이 책도 한국기독교출판문화대상 청소년부문에 선정되었다. 출판사 관계자는 연거푸 이 상을 받은 경우는 유일하다며 흥분했다. 나는 그 모든 영광을 하나님께 돌려 드렸다.

이 책이 다양한 경로를 통하여 알려지던 중에, 한 찬양사역자가 나를 찾아왔다. 그분은 나에게 진심으로 감사하다면서 이렇게 이야기를 했다. "목사님이 지방 사역자의 한계를 깨뜨려 주시니 감사합니다." 이 찬양사역자는 지방에서 사역을 하는 것 때문에 가끔 열등감을 느낀다고 했다. 서울 같은 대도시의 큰 무대에서 사역을 하는 분들을 부러워했다고 고백했다. 그런데 창원에서 사역해도 얼마든지 영향력을 줄 수 있다는 사실이 큰 힘이 되었다고 했다. 그 말을 들으면서 어디에서 사역하는가보다 어떻게 사역하는가가 중요함을 다시 확인했다.

2018년 출간한 『예수심장』은 출간과 동시에 세 개 부문 베스트에 올랐고, 2021년 출간한 『메타버스 교회학교』는 8월 기독교 서적 베스트셀러 1위에 올랐다. 하나님의 비전을 이루고자 하는 간절한 소원을 가지면 하나님께서 반드시 역사하신다.

300명의 크리스천 리더들을 세우는 비전

각계각층에서 활동할 복음의 일꾼들을 훈련, 양육을 시키는 소원을 가지고 있다. 온갖 악이 가득한 사회의 각 영역에서 공의를 강물같이 흐르게 할 지도자들을 배출하는 것이다.

16년 전 고등학교에서 내게 성경 수업을 듣던 화평이가 텔레비전에 출연했다. 서해안에 흩어져 있는 26개 섬을 찾아다니며 섬기는 공중보건의 활동을 소개하는 프로그램이었다. 섬에서 살기에 병원 혜택을 받지 못하는 환자를 돌보는 것이 공중보건의의 역할이다. 화평이가 공중보건의가 되어 봉사하는 모습이 공중파 텔레비전에서 방영되었다. 그 프로그램을 보면서 나는 하나님께서 일하시는 영광스러운 모습을 실감할 수 있었다.

16년 전 화평이는 학교에서 명문대학으로 진학하게 될 유력한 기대주였다. 그의 어머니는 매월 모이는 학부모기도회에 항상 참석해 뜨거운 기도로 후원했다. 그의 아버지는 교목사역을 하는 나에게 다방면으로 위로해 주셨다. 화평이의 소원은 의대에 진학해 의사가 되어 의료봉사를 하는 것이었다.

그런데 그가 하나님께서 주신 소원대로 마침내 의사가 된 것이다. 의료 혜택을 받기 어려운 섬으로 그의 발걸음이 향하는 것을 보면서 깊이 감동했다. 16년 만에 텔레비전을 통해 제자를 만나는 것은 아주 특별한 기쁨이었다. 마치 <TV는 사랑을 싣고>에 나가는 기분이었다.

오랜만에 TV에서 만나는 제자의 얼굴은 기쁨으로 빛나고 있었다. 섬에 계신 어르신들을 만나러 가는 길이 사랑하는 연인을 만나러 가는 것 같다고 고백하였다. 화평이는 장차 '국경없는 의사회 MSF'에 가입하고 싶다고 했다. 그는 재난과 분쟁지역에서 고통당하는 이들을 돕고 싶다는 소원을 말했다. 그것이 자기를 의사로 만드신 하나님의 뜻이라고 말하였다.

의사가 되면 보통 경제적 안락함과 영향력을 얻기를 기대한다. 그러나 화평이는 그런 세상의 기대에 만족하지 않았다. 하나님께서 그에게 보이신 비전에 주목했고, 그 비전에 헌신하며 살고 있었다. 나는 하나님께 진심으로 감사의 기도를 올렸다.

꿈의 묘목이 믿음의 거목으로

16년 전에 심은 비전의 씨앗이 뿌리를 뻗고 줄기를 펼쳐, 열매를 맺고 있었다. 지난날의 꿈의 묘목이 이제는 믿음의 거목으로 결실하고 있었다. 그 믿음의 거목이 뻗은 가지에 세상의 모든 아픈 새들이 와서 치유되리라 확신한다. 그 믿음의 거목이 드리운 그늘에 지친 많은 이들이 와서 치유되기를 소망한다.

교목으로 섬겼던 학생들이, 집회장에서 만난 학생들이 이제는 본격적으로 사역들을 한다. 한 교회와 공동체를 맡아서 섬기는 목회자로, 선교지에 파송을 받은 선교사로, 방송국의 아나운서로, 법조인으로 어려운 이들을 변호하는 법정에서 사역을 하고 있다.

그들의 청소년 시절에는 '과연 이루어질까?' 하는 두려움을 가지는 경우가 있었다. 하나님께서 주신 비전과 자신의 현실이 너무 거리가 멀다고 절망하는 학생들이 많았다. 비전과 현실과의 거리가 멀수록 정서적인 멀미가 영혼을 힘들게 한다.

그러한 학생들을 만나면 늘 이렇게 나는 외쳤다. 이왕 가지려면 불안과 두려움이 아니라, 말씀과 믿음을 가져라! 메가급의 위기를 만날 때에, 기가급의 믿음으로 돌파하라! 기가급의 장애를 만날 때에, 테라급의 말씀으로 돌파하라!

그렇다. 하나님의 비전은 결코 멈추지도, 중단되지도 않는다. 하나님의 비전은 반드시 결실을 맺는다. 비전을 시작하신 하나님은 일을 이루시기 때문이다. "일을 행하는 여호와, 그것을 지어 성취하는 여호와, 그 이름을 여호와라 하는 자가 이같이 이르노라"예레미야33:2

베이스캠프는 크기가 중요하지 않다

정상으로 오르는 데 필요한 베이스캠프는 그 크기가 중요하지 않다. 베이스캠프의 크기가 크다고 해서 산을 오르는 데에 도움이 되는 것은 아니다. 우리들의 삶의 베이스캠프도 그 규모가 중요한 것이 아니다. 현재, 나의 베이스캠프는 초라하고 보잘것없을 수 있다. 그렇지만 지금 현재 자신의 베이스캠프 때문에 고민할 이유가 없다. 지금 내 모습은 하나님께서 주신 비전들을 이루는 데에 아무런 지장이 되지 않는다.

하나님께서 비전을 주셨으면, 하나님께서 책임지시고 이루실 것이기 때문이다. 지금의 나는 약하고, 힘이 없다고 하여도 하나님께서 심으신 그 비전이 이끌어 간다. 나는 모자라고 실망스럽다고 하더라도 내 안의 비전이 나의 삶을 인도한다. 나의 상황과 환경에 주눅 들지 말고 내 안에 하나님께서 심어 주신 비전을 붙잡아야 한다. 하나님의 비전이 그 삶을 이끌어 가는 게임체인저가 마침내 불꽃시대의 역사를 열어 간다.

그러므로 지금까지 살아온 관성에 끌려가는 삶을 이제는 끝내어야 한다. 하나님께서 내게서 이루실 비전을 소망하고, 그 일들을 이룰 능력을 달라고 사모하면 된다. 그러면 하나님께서 준비하신 그 영광된 자리에 우리를 반드시 세워 주시기 때문이다.

윌리엄 보든의 비전

19세기 미국에서 보든Borden 가문은 미국 최초의 초대형 우유회사인 '보든 우유'를 창업한 가장 부유한 가문이었다. 보든 가문에는 종종 가족들이 더불어 해외로 여행을 다니는 전통이 있었다.

중동으로 여행을 갔을 때에 소년 윌리엄William은 중동의 이슬람교도들을 보았다. 이슬람교도들을 보게 되었을 때 그의 마음에 깊은 감동이 있었다. 그는 복음을 모르는 영혼들을 바라보며 슬프고 아픈 마음을 갖게 되었다. 그는 이것이 하나님께서 주신 마음이라고 생각하고 기도하였다.

그는 선교사가 되기로 결심을 하고 자신의 성경 뒤표지에 이런 글귀를 썼다. "지체하지 않는다No Reserve" 그리고 얼마 후, 그는 부모님에게 자기 속에서 자라는 비전에 대해 이야기를 했다. "하나님께서는 제가 선교사가 되기를 원하십니다. 제가 이방인들에게 그리스도의 복음을 전해 주기를 원하십니다."

하지만 윌리엄의 부모님은 이를 기쁘게 받아들이지 않았다. 그들은 가문이 자랑스럽게 여기는 보든 낙농업 회사를 윌리엄이 상속해 주기를 바랐기 때문이다. 그래서 윌리엄을 예일대학교Yale University에 입학시켰다. 명문대학에서 우등생들과 공부하면 마음이 회사 경영으로 돌아오리라 생각했다.

하지만 윌리엄은 예일 대학교에 입학한 후 본격적인 캠퍼스 사역을 시작했다. 대학 내에서 예수님을 영접하지 않은 학생들을 찾아다니며 전도하기 시작했다. 도시 빈민 구제활동에도 앞장섰다. 성경 공부 프로그램을 캠퍼스 내에서 만들어 설교하고 성경을 가르쳤다. 그리고 예일대학교를 졸업할 때에, 그는 자신을 향하신 하나님의 부르심에 확신을 가졌다.

특히 윌리엄은 중국 내의 무슬림들을 위해 사역하려는 비전을 갖게 되었다. 윌리엄의 확고한 비전을 들은 그의 부모는 단호하게 반대했다. "만일 네가 선교사가 된다면 네게 물려준 모든 것을 도로 찾을 것이다. 이후로도 단 한 푼도 금전적으로 도와주지 않겠다." 그럼에도 윌리엄 보든은 그 비전을 포기하지 않았다. 그는 하나님께서 자신을 택하셨고, 자신과 함께 계신다는 확고한 믿음이 있었기 때문이다.

그는 엄청난 재력을 가진 부모님의 도움을 받지 않고 혼자의 힘으로 선교비를 마련했다. 그리고 자기에게 주신 하나님의 비전을 따라 중국의 무슬림들에게로 가기로 했다. 선교 전략을 세우던 중에, 그 사역을 위해서는 아랍어'를 배우는 것이 필요하다고 생각했다. 그래서 이집트에서 아랍어를 공부하기 위해 이집트의 카이로로 떠났다.

윌리엄은 집으로 보내는 편지에다 이렇게 썼다. "나는 일생을 전도사업과 그 일에 대한 준비에 바치겠습니다."

물러설 수 없는 비전

이집트에 도착한 윌리엄 보든은 아랍어 공부에 전념했다. 1년 정도의 공부 후에는 중국에 들어갈 수 있을 것이라고 생각했다. 열악한 환경에서 아랍어를 공부하면서도 윌리엄은 기쁨이 넘쳤다. 낙농업 가문의 후계자로 부유한 삶을 사는 것에 미련을 두지 않았다. 앞으로 하나님께서 행하실 일들을 생각하며 준비를 하였다.

카이로에서 아랍어 공부를 시작한 지 4개월이 지날 무렵, 몸에 이상 증세가 나타났다. 그의 건강 상태를 진찰한 의사는 '뇌수막염'이라는 병명의 진단을 내렸다. '뇌수막염'은 19세기 말 당시의 의학으로는 치유할 수 없는 병이었다. 그는 한 달간 병마와 필사적인 싸움을 했다. 혹독한 그 투병 과정 동안에 그는 성경책에 그의 각오를 기록했다. "뒤로 물러서지 않는다No Retreats."

윌리엄 보든은 '뇌수막염' 진단을 받고 나서 한 달 만에 숨을 거두었다. 그는 그토록 무슬림들에게 복음을 전하기를 원했다. 그에게 주어진 부요한 삶을 포기할 만큼 간절한 비전이었다. 하지만 그는 한 번도 그 기회를 얻지 못한 채 세상을 떠났다. 그토록 가기를 원했던 중국에 발을 들여놓지도 못했다. 카이로에서 임종을 맞은 그는 이집트의 한 공동묘지에 묻혔다.

후회 없는 비전

어떤 사람들은 그의 죽음에 대하여 이렇게 평가를 하기도 했다. "선교지에 가서 사역을 하기도 전에 사망한 것을 보면 그의 비전은 잘못된 것 같다. 선교지에도 못 가고 사망한걸 보면 그의 비전은 하나님으로부터 온 것이 아닌 것 같다." 어떤 사람들은 보든의 선택이 잘못된 것이라고 말하기도 했다. "그렇게 허망하게 죽느니, 차라리 사업을 하는 것이 더 낫지 않았을까?"

윌리엄의 유품이 그의 집으로 돌아왔다. 그가 생전에 늘 가지고 있던 성경책 앞장에는 세 번째 문장이 기록되어 있었다. "결코 후회하지 않는다No Regret!"

1987년에 윌리엄 보든은 백만장자의 가정에서 태어났다. 1913년에 윌리엄은 26살의 나이에 초라한 자리에서 삶을 마쳤다. 자기 가문의 유업을 잇되 하나님의 뜻에 따라 경영하는 것도 하나님의 사역이 될 수 있고, 경영을 하면서 다른 사역들을 지원할 수도 있다.

하지만 그는 자기를 부르신 하나님의 비전에 집중하였다.

윌리엄이 받았던 비전을 부모님들은 반대했고, 그의 마지막은 비전과는 달리 초라했다. 그럼에도 그의 사역은 무의미한 것이 아니었다. 그는 비전을 '미루지 않았다No Reserve.' 그는 비전 때문에 부모와 멀어지고 재산을 잃어도 '물러서지 않았다No Retreats.' 그는 열매를 얻지 못한 듯 보였지만 '결코 후회하지 않았다No Regret.'

보든의 이러한 희생은 결코 무의미한 것이 아니었다. 보든의 삶은 복음으로 살고 사역하는 것이 무엇인지를 보여 주었기 때문이다. 보든의 스토리는 수많은 청년들을 일깨웠다. "윌리엄 보든이 밟지 못한 땅을 우리가 섬기자!"라고 외치는 제2의, 제3의 윌리엄 보든이 등장하게 되었다.

윌리엄 보든의 묘는 현재 이집트 카이로의 어느 뒷골목 공동묘지 안에 있다. 그의 묘는 사람들의 눈에 띄지 않는 외진 구석에 있다. 먼지가 잔뜩 묻은 그의 묘비에 새겨진 말은 놀라운 메시지를 전하고 있다.

윌리엄 보든(1887~1913)

그리스도에 대한 믿음을 떠나서는 그의 삶을 설명할 길이 없다.

하나님께서 주신 거룩한 비전이 때로는 이 세상에서 특별한 열매를 맺지 못할 수도 있다. 세상의 기준으로 볼 때에는 터무니없는 희생으로 여겨질 수도 있다. 하지만 하나님의 나라에서는 결코 무

의미한 것은 없다. "하나님의 은사와 부르심에는 후회하심이 없느니라"로마서11:29

하나님께서 주신 그 비전을 위한 인생은 언제나 거룩한 열매를 맺는다. 비록 씨앗을 뿌린 그 사람이 거두지는 못할 수 있다. 하지만 주의 이름으로 행하는 그 모든 일에서는 반드시 거룩한 영향력이 나타난다. 하나님의 게임체인저는 그러한 진리를 믿기 때문에 결과에 연연하지 않는다. "우리가 알거니와 하나님을 사랑하는 자 곧 그 뜻대로 부르심을 입은 자들에게는 모든 것이 합력하여 선을 이루느니라"로마서8:28

하나님의 게임체인저는 철저히 자기 자신이 청지기임을 인식한다. 그 어떤 자기의 헌신을 내세우거나 주장하지 않는다. 하나님의 게임체인저는 하나님의 사역에 자신이 부름 받은 것만으로도 감사한다. "이와 같이 너희도 명령 받은 것을 다 행한 후에 이르기를 우리는 무익한 종이라 우리의 하여야 할 일을 한 것뿐이라 할찌니라"
누가복음17:10

현대는 자기의 꿈을 이루는 것을 최고의 목적으로 여기는 시대이다. 지금은 자기의 소원을 이루려고 무엇이든지 하려는 시대이다. 하나님의 게임체인저는 이러한 시대정신과 정면으로 충돌한다. 세상이 갈망하는 욕망과 야망을 못 얻어도 하나님의 게임체인저는 절망하지 않는다. 오직 단 하나만의 목적인 하나님께서 주신 비전을 위한 삶을 살아간다. 하나님의 게임체인저는 이를 위하여 그 어떤 것들도 아끼지 않고 쏟아붓는다. "나의 달려갈 길과 주 예수께 받은 사명 곧 하나님의 은혜의 복음 증거하는 일을 마치려 함에는 나의 생명을 조금도 귀한 것으로 여기지 아니하노라"_{사도행전20:24}

하나님께서는 그러한 게임체인저들의 헌신을 사용하셔서 시대의 문을 여신다.

♂ 두 번째 열쇠 다듬기

1) 하나님의 게임체인저는 가짜 꿈에 현혹되지 않고 진짜 꿈을 만난다. 모든 꿈이 가치 있는 것이 아니기에, 진짜 가치 있는 꿈을 구별해야 한다.

2) 욕망은 철저히 자기 자신의 소원에 근거하여 자기의 힘으로 이룬다. 야망은 자신과 주변 사람들의 유익을 향하며, 많은 이들의 도움으로 달성한다. 욕망과 야망은 결국 성취를 하여도, 결국 변질되거나 소멸하게 된다. 하나님의 게임체인저는 욕망과 야망에 사로잡히지 않는다.

3) 비전은 하나님으로부터 시작되고, 하나님께서 공급하시는 힘으로 완성된다. 하나님께서는 열심히 그 비전을 완성하신다. 하나님의 게임체인저는 그 하나님의 비전을 위하여 부름을 받는다. 하나님의 게임체인저는 비전을 위한 삶을 치열하게 살아간다.

4) 하나님의 게임체인저가 완성한 비전은, 또 다른 비전의 시작이 된다. 하나님의 게임체인저가 이루지 못한 비전은, 다른 게임체인저들을 깨운다.

<내가 대답해야 하는 질문>

* 욕망, 야망과 비전은 무엇이 어떻게 다른가?

_____

_____

* 윌버포스와 보든이 가졌던 비전의 공통점과 차이는 무엇인가?

공통점 _____

차이점 _____

* 내가 소원하는 비전을 뒷받침하는 성경 말씀은 어떤 것이 있는가?

_____

_____

* 내가 살아가야 할 비전은 무엇인지를 기록해보자 *
(6하원칙)

_____

_____

_____

세 번째 열쇠: 완벽한 준비

하나님의 게임체인저는
소망만으로 쓰임 받지 않는다.

하나님께서는 철저히 준비된 사람을
게임체인저로 사용하신다.

하나님께서 요구하시는 준비는
균형 잡혀야 한다.

하나님의 게임체인저는
준비해야 할 시간에 제대로 준비해야 한다.

1. 신앙: 하나님에 대한 태도

하나님의 게임체인저는 하나님 앞에서 올바른 태도를 가진다. 하나님의 앞에서의 올바른 태도는 신앙의 모습으로 나타난다. 하나님의 게임체인저는 그 무엇보다 하나님과의 관계가 건강해야 한다. 하나님과 밀접하게 연결되어야 하나님의 뜻에 따라 살아가고 사역할 수 있다.

(1) 기도─하나님 앞에서 삽질하지 말라

"만일, 이 마을의 학생들이 모두 교회에 나오게 되면 농구장을 만들어 주마." 거제도에서 교회를 섬길 때 주일학교 학생들에게 이렇게 공약했다. 학생들에게 교회 출석의 동기를 주기 위해서였다. 2개월이 지나서 마을의 모든 초등학생들이 교회를 출석하게 되었다.

나는 그 공약을 지키기 위하여 열심히 작업하였다. 교회 언덕의 흙이 부드러워 작업하기가 쉬웠지만, 점차 흙을 파내기가 어려워졌다. 그렇게 며칠 동안을 삽을 들고 나가서 언덕과 씨름하였다. 그 광경이 보기에 너무 안쓰러웠는지, 하루는 박신명 집사님이 굴착기를 몰고 오셨다. 박 집사님은 나를 비키게 하고는 곧바로 굴착기로 작업을 시작하셨다.

굴착기로 단 하루를 작업하였는데, 그 결과는 너무도 엄청났다.

내가 몇 개월을 작업해도 못할 만큼의 일을 해내었다. 그 공터에 농구 골대를 세우면서 나는 마음속에 굳은 다짐과 결심을 하였다. "하나님 앞에서 삽질하지 말자."

우리가 살아갈수록 해결해야 할 문제들이 계속하여 나타난다. 사람들은 그 문제를 풀어 가려고 자기의 힘, 경험, 사람들을 의지한다. 게임체인저들은 하나님 앞에 기도 먼저 하는 사람이다. 나의 힘과 노력만으로 열심히 '삽질'하면, 수고는 해도 결과는 장담을 못한다. 때로는 엄청난 대가를 지불하면서도, 오히려 부작용이 초래될 수 있다.

기도는 내 삶의 작업장에 하나님의 굴착기를 초청하는 초청장이다. 하나님의 굴착기가 내 삶에 개입하시면, 놀라운 하나님의 역사들이 나타난다. 게임체인저는 기도를 통하여 놀라운 하나님의 능력을 공급받아 활동한다.

너무 바빠서 기도합니다

"요즘 제가 너무 바빠서 기도할 틈이 없어요." 이 문장을 영어로 표현하면 "too busy to pray."이다. 영어에서 'too A to B' 용법은 '너무나 A 해서 B를 못한다'는 것이다. 여러 가지의 일들이 너무 많아서 기도할 시간이 없다고들 한다. 많은 사람들이 주로 하는 변명이다. 이 말을 들으면 많은 사람들이 수긍하며 자기도 그러하다고 여긴다.

하지만 『너무 바빠서 기도합니다』라는 책에서는 다르게 표현한다. "too busy not to pray", '너무 바빠서 기도하지 않을 수 없다'는 것이다. 이것 역시 'too A to B' 용법이다. 하지만 이것은 전혀 다른 의미이다. 너무 바쁜 상황들이기에 기도하지 않으면 낭패를 겪을 수 있다는 것이다.

종교개혁가였던 마르틴 루터Martin Luther는 항상 하루에 두 시간 이상을 기도하였다. 종교개혁이 급박하게 돌아가던 당시였기에 기도의 능력이 반드시 필요했기 때문이다. 마르틴 루터의 일기장에서는 이런 기록이 발견되었다. "오늘은 너무 바쁜 날이다. 그래서 오늘은 세 시간을 기도하였다." 보통 사람들은 바쁘고 분주하기 때문에 기도할 시간을 포기한다. 하지만 마르틴 루터는 바쁘고 분주해질수록 더욱 기도하였다. "기도하지 않으면, 사람이 일하고, 기도하면 하나님께서 일하신다When men works, men works, When men prays, God works."

우리가 기도할 때 하나님께서 우리의 삶에서 일하신다. 우리가 기도하는 것은 모든 일의 주도권을 하나님께 맡겨 드리는 것이다. 하나님께서 맡으시면 실수가 없으신 하나님께서 완벽하게 마무리하신다.

기도는 내가 하나님을 설득하는 그런 것이 아니다. 기도할 때에 하나님께서 나를 변화시키신다. 기도는 내 소원을 청구하는 것이 아니라, 하나님께서 임재하시도록 초청하는 것이다.

영국의 잔인한 여왕이었던 메리는 스코틀랜드 종교개혁자 존 낙스John Knox의 기도를 군대보다 더욱 무서워하였다. 단 한 사람의 기도는 그 어떤 군대보다 막강한 힘을 가지고 있기 때문이다. 그러므로 게임체인저는 기도의 강력한 능력에 힘입어 불꽃시대를 열어 간다.

다니엘의 돌파하는 기도

승승장구한 다니엘은, 그 모든 것이 하나님의 은혜임을 확신하고 있었다. 그러므로 다니엘은 항상 기도하는 것을 멈추지 않았다. 다니엘을 시기하던 신하들이 다니엘을 흠잡으려 했으나 실패했다. "이에 총리들과 고관들이 국사에 대하여 다니엘을 고발할 근거를 찾고자 하였으나 아무 근거, 아무 허물도 찾지 못하였으니 이는 그가 충성되어 아무 그릇됨도 없고 아무 허물도 없음이었더라"다니엘6:4

다니엘의 파멸을 위하여 음모를 짜던 이들은 다니엘의 기도를 흠잡으려고 했다. 왕 이외에 그 어떤 신에게라도 기도하면 사자굴에 집어넣자는 법령을 만들었다. 왕이 이를 승낙하여 법조문에 인장을 찍으면서, 이 말도 안 되는 악법이 효력을 얻게 되었다.

다니엘 한 사람을 죽이려는 이 무시무시한 법이 실행되는 것을 다니엘도 알았다. 왕이 인장을 찍었기에 왕이라도 이 법에서 벗어날 수 없었다. 다니엘은 그것을 알고서도 기도를 멈추지 않았다. "다니엘이 이 조서에 왕의 도장이 찍힌 것을 알고도 자기 집에 돌아가서는 윗방에 올라가 예루살렘으로 향한 창문을 열고 전에 하던 대로 하루 세 번씩 무릎을 꿇고 기도하며 그의 하나님께 감사하였더라"다니엘6:10

다니엘은 자칫 죽을 수도 있는 상황에서도 자기가 기도하는 것을 감추지 않고 기도했다. 다니엘이 이렇게 기도할 수 있었던 것은 평소에도 기도했기 때문이었다. 일상일 때에 기도하지 않은 사람은 비상일 때에는 결코 기도할 수 없다. 평안할 때에 기도하지 않고 어려워야 기도하는 사람은 기도를 제대로 할 수 없다.

평소에 기도하기를 멈추지 않았던 다니엘은 위기의 순간에도 기도할 수 있었다. 항상 기도로 무장되었던 다니엘은, 목숨을 노리던 위기를 끝내는 게임체인저가 되었다.

(2) 찬양―노래에는 힘이 있다

BTS가 전 세계 사람의 마음을 사로잡은 이유를 전문가들이 다양하게 분석한다. 어떤 전문가는 BTS의 노래가 건전하고 밝기 때문이라고 해석하기도 한다. 현대의 많은 젊은이들이 SNS를 통하여 열등감과 자기비하를 경험한다. 그런데 같은 인터넷을 통하여 BTS는 위로와 축복을 노래한다. 자기가 초라하다고 느끼는 아이들을 향하여 이 멋진 아이돌그룹이 이렇게 노래한다.

"내 실수로 생긴 흉터까지 다 내 별자린데"
<LOVE MYSELF>

분명히 내가 실수하여 얻은 상처들도, 결국은 별이 될 것이다.

"SHINE, DREAM, SMILE

우린 우리대로 빛나, 우리 그 자체로 빛나 TONIGHT"

<소우주>

이러한 감미로운 위로의 노래를 들으면서 힐링이 되고 다시 용기를 얻는다. 이는 함께 BTS를 응원하는 팬덤인 아미A.R.M.Y들을 통해 더 큰 힘을 갖게 된다.

같은 학교를 졸업한 동문들이 동창회, 운동장에서 교가를 단체로 부르면 동질감을 얻는다. 그 학교를 졸업한 사람들만 경험할 수 있는 일체감을 갖게 된다. 노래에는 사람을 움직이는 강력한 힘이 있다.

서태지의 <컴백홈>이라는 노래를 듣고 가출 청소년이 귀가하였다는 사례도 있다. 병사들이 함께 군가를 부르면 두려움을 잊고 전투력이 증가된다. 이처럼 노래에는 사람을 움직이는 힘이 있다.

또한, 어떤 노래를 즐겨 부르는가에 따라서 그들의 삶의 방향이 달라지기도 한다. 1920년대에 <사死의 찬미>를 부른 윤심덕은 비관적인 그녀의 가사처럼 현해탄에 스스로 몸을 던졌다. 1980년대에 천재 가수로 불렸던 김정호, 김현식은 그들이 부른 어두운 노래 가사처럼 요절하였다. 1990년대에 <날개 잃은 천사>를 불렀던 그룹 룰라 역시 잠시 동안의 인기를 얻다가는 추락하고 말았다.

반면 수련회나 부흥집회에 참가하는 중에는 무엇이든지 할 수 있을 것 같은 힘을 느낀다. 수련회 기간 동안에 집중적으로 찬양할 때 성령님의 능력이 강하게 역사하기 때문이다.

찬양은 하나님의 통로

호주 브리즈번 유스코스타를 섬길 때 아주 특별한 장면이 기억에 있다. 첫날의 은혜롭고 뜨거운 집회를 마치고 학생들은 이제 집으로 귀가해야 했다. 참여한 교회의 차들과 부모님들의 차량이 도착하여 차례를 기다리고 있었다.

그날 하나님께서 주신 은혜의 여운이 너무 크고 강해서 아이들의 얼굴에 홍조가 가득했다. 순간, 한 학생이 들고 다니던 휴대용 카세트를 작동시켜서 찬양이 흘러나왔다. 그러자 주변의 학생들이 일제히 소리를 지르면서 찬양을 시작하였다. 그저 조그만 카세트에서 흘러나온 찬양이었지만, 아이들은 춤추며 소리 높여 찬양했다.

집회장에서의 뜨거운 예배로 끝나지 않고 삶의 예배로 가는 이 축제 자리에서 찬양의 열기는 더욱 뜨거웠다. 그때 아이들이 부른 찬양이 <Turn It Up>이었다. 이 찬양은 <더 크게 찬양해>라는 우리말 제목으로 번역되었다.

높이세 여기 계신 주

우리 찬양을 타고

오셔서 다스리소서

우리가 하나님을 찬양할 때, 하나님께서는 그 찬양으로 영광을 받으신다. 그 찬양을 타고 하나님께서 우리에게 임하신다. 그 찬양을 타고 우리에게 임하신 주님께서 우리를 다스리신다. 내 감정, 생각과 의지를 다스리시며, 내 인생을 다스리신다.

우리 찬양 가운데

주님의 뜻하심 난 느낄 수 있네

찬양 중에 주님 역사하시네

우리가 하나님을 찬양할 때 우리는 하나님의 뜻을 알게 된다. 찬양하는 예배자들은 하나님의 뜻을 감당할 능력으로 무장하게 된다.

찬양은 악을 깨뜨린다

하나님을 온전히 찬양하는 사람에게 하나님께서 임재하시기에, 찬양할 때 하나님을 대적하는 악한 영들이 떠나게 된다.

사울왕이 하나님을 떠나자 악령이 사울왕에게 임했다. "하나님께서 부리시는 악령이 사울에게 이를 때에"사무엘상16:23 사람의 내면은 결코 진공 상태일 수 없다. 사람이 하나님을 떠나면 그 빈자리를 악한 영이 차지하게 된다. 악한 영이 깃들면 그 안에 어둠이 차오른다. 그래서 극도의 불안과 두려움에 시달리게 된다. 하나님을 떠난 사울은 이렇게 불안과 두려움에 사로잡히게 되었다.

이 문제를 해결하는 게임체인저는 다윗이었다. 다윗의 지위와 신분은 사울왕에 비하면 아무것도 아니었다. 그러나 사울왕의 심각한 영적 상태를 해결해 주는 이가 다윗이었다. "다윗이 수금을 들고 와서 손으로 탄즉 사울이 상쾌하여 낫고 악령이 그에게서 떠나더라"사무엘상 16:23

다윗의 연주실력이 탁월해서 사울왕의 마음을 평안하게 해준 것이 아니다. 하나님의 영으로 가득 채워진 다윗의 연주가 사울을 치료하였다. 악한 영으로 고통당하는 사울에게 필요한 게임체인저는 다윗이었다.

하나님의 게임체인저는 골리앗 같은 거대한 악을 이기는 그런 일만 하지 않는다. 하나님의 게임체인저는 지극히 사소한 영역에서도 하나님의 영광을 빛나게 한다.

찬양은 전쟁을 이기게 한다

하나님을 의지하며 살아가던 여호사밧에게도 위기가 찾아왔다. 모압 자손과 암몬 자손과 마온 사람들이 동맹하여 여호사밧을 공격을 했다. 여호사밧은 지체하지 않고 온 백성들과 하나님 앞에서 금식하면서 기도하였다. 하나님께서는 여호사밧의 기도를 들으셨고 그에게 응답하셨다.

그런데 그가 받은 응답은 너무나 황당한 응답이었다. 적이 싸우러 올라오거든 유다의 군인들은 적을 향하여 그냥 나아가라는 것이었다. 그러면 하나님께서 싸우시겠다는 말씀이었다. 여호사밧 왕은 순종한다. 성가대를 조직하여 거룩한 예복을 입히고, 군대 앞에서 찬양하면서 나아갔다.

성가대가 찬양할 때 하나님께서 역사하셨다. 연합군들이 서로 죽이는 살육전을 벌였다. 암몬과 모압이 일어나 에돔 족속을 쳐서 다 죽였다. 모압은 암몬을 치고, 암몬은 모압을 치는데, 서로 죽이고 죽이는데, 살아남은 사람 없이 전멸하였다.

이처럼 찬양은 불가능한 전쟁에서 이기게 하는 하나님의 게임체인저였다. 바울은 매를 맞고 족쇄를 차고 감옥에 갇혔어도 찬양을 멈추지 않았다. 깊은 밤 감옥에서 바울이 찬양할 때 족쇄가 풀어지고, 감옥 문이 열리는 기적이 일어났다. 찬양에는 성령님의 놀라운 역사들을 불러일으키는 강력한 힘이 있다.

하나님께서는 찬양하는 사람을 게임체인저로 세우셔서 불꽃시대를 열어 가신다. 하나님께서 사용하시는 게임체인저는 찬양하는 사람이었다. 하나님께서는 찬양하는 이들을 찾으셔서 그들을 게임체인저로 세워 가신다. 예배 시간과 집회 외에, 우리가 홀로 있는 시간에 우리는 얼마나 찬양을 드리는가?

사람들 앞에 공개된 자리가 아니라, 혼자만의 시간에 찬양 생활을 누리는 것이 중요하다. 그 어떤 자리에서든 찬양이 그 삶에 가득한 이들을 하나님께서 찾으신다. 그리고 찬양으로 그 삶에 채우는 이는 하나님의 영적인 부르심에 민감해진다.

나는 어떤 음악을 통하여 마음이 기쁘고 위로를 얻는가? 교회에서, 집회에서는 찬양으로 마음이 뜨겁지만, 일상에서는 대중음악에만 심취하지는 않는가? 지금 내가 가장 즐겨 듣는 음악은 어떤 음악인가를 철저히 점검해야 한다.

나의 플레이리스트에 있는 그 노래들이 무엇인가를 살펴야 한다. 세속의 음악들은 순간적으로는 흥겹게 하고, 정서를 자극하는 곡조일 수 있다. 그러나 세속의 음악들은 우리들의 영혼에 힘을 줄 수는 없다. 사람들은 그들의 죄성을 자극하고, 만족하게 해 줄 노래를 찾으며 열광한다. 노래는 반드시 세계관과 가치관을 기초로 한다. 세속의 노래 끝은 결국 허무함이다. 그러한 노래들과 계속하여 접촉을 하다 보면, 그러한 가치관이 자연히 스며들게 된다.

　그러나 게임체인저에게는 마땅히 부를 노래가 있으니 그것은 찬양이다. 수련회를 통하여 은혜를 받은 학생이 아주 기특한 연락을 전하여 온 적이 있다. 자기가 은혜 받은 기념으로 평소에 듣던 가요 음반들을 모두 다 버렸다는 것이다. 이제 자신에게는 불러야 할 새로운 노래인 찬양이 있기 때문이라고 하였다. 평소 애지중지하던 그 음반들을 버리는 순간 마음속이 뚫리는 기쁨이 치솟았다고 하였다.

　하나님을 초청하고, 간구하며, 고백하며 감사하는 찬양이 그 영혼을 더욱 강하게 한다. 하나님께서는 찬양하는 게임체인저를 통하여 불꽃시대의 문을 열어 가신다. 그것은, 불꽃시대는 찬양이 가득한 영광의 시대이기 때문이다.

(3) 말씀―게임체인저는 한마디 말씀에 사로잡힌다

　하나님께서 사용하신 게임체인저는 그들의 삶을 지배하는 메시지가 있었다. 하나님의 게임체인저들은 저마다 말씀 한 구절에 붙들려 살아갔다.

노아는 "방주를 예비하라" 하신 말씀에 사로잡혀 그의 삶을 살았다. 아브라함은 "내가 네게 지시하는 땅으로 가라" 하신 말씀을 붙들고 살아갔다. 모세는 "가서 나의 백성을 구하라" 하신 말씀 하나에 자기의 전 생애를 걸었다. 예수님의 제자들은 "땅 끝까지 이르러 내 증인이 돼라" 하신 말씀에 헌신하였다. 바울은 "로마도 보아야 하리라" 하신 말씀에 그의 생을 지배받았다.

그들이 받은 하나님의 말씀 하나에 자신의 삶을 맡길 때, 그 말씀이 그 삶을 끌고 갔다. 때로는 그들의 상황과 환경은 극히 열악하여, 도무지 소망이 보이지도 않았다. 그럼에도 그들이 말씀을 품었을 때 놀라운 변화의 역사들이 일어났다. 말씀은 살아서 운동하는 힘이 있어 강력한 역사를 이루기 때문이다.

가나안 정복시대를 열었던 여호수아와 갈렙은 하나님의 말씀을 붙들었다. 객관적인 시각으로는 전혀 승산이 없는 상황에서도 하나님의 말씀을 기억하였다. 그들이 말씀에 붙들릴 때, 차고 넘치는 요단강이 갈라지는 기적을 보게 되었다. 그들이 말씀에 순종할 때에, 난공불락의 요새인 여리고성이 함락되는 기적을 누렸다. 심지어는 하늘의 해와 달이 그들의 말 한마디에 멈추는 전무후무한 기적을 보기도 하였다.

그들의 전력은 객관적인 전력비교로 볼 때에는 도저히 가나안 거민들을 이길 수가 없었다. 그러나 여호수아와 갈렙은 연승가도를 달리며 마침내는 눈부신 불꽃시대를 열어갔다. 그 비결은 그들은 말씀에 붙들려 살았기 때문이다.

의과 대학 학생들은 본과를 지원하면서 자기의 전공을 결정한다. 최근에 들어서는 외과를 지원하는 경향이 줄어들고 있다. 외과는 의사들에게는 3D 업종 취급을 받기 때문이다. 외과의사들은 항상 긴장상태로 대기해야 하며 환자의 환부와 직접 마주 대해야 한다. 무엇보다 수입이 그리 좋지 않기 때문이라고 한다. 그 때문에 외과는 항상 부족하고 모자란 상태에 있다.

이런 현실에서, 강구정 의사가 지은 『나는 외과의사다』라는 책은 놀라운 메시지를 전한다. 저자가 남들이 회피하는 외과를 지원하게 된 동기를 설명하고 있다. 그는 전공을 정하게 되는 시기에 성경 말씀을 읽게 되었다. 성경을 읽으면서 자기의 장래를 위하여 기도하던 중 한 말씀에 집중하게 되었다. "예수께서 모든 성과 촌에 두루 다니사 저희 회당에서 가르치시며 천국 복음을 전파하시며 모든 병과 모든 약한 것을 고치시니라"마태복음9:35

그는 그 말씀을 묵상하면서 예수님의 사역에서 아주 특별한 사실을 깨달았다. 예수님의 사역 중에서 병자들을 고치신 사역이 중요한 사역임을 깨닫게 되었다. 그는 그 성경 구절을 읽으면서 하나님께서 그를 향해 가지신 비전을 알게 되었다. 의사가 되는 특별한 기회를 허락하신 이유를 깨달았다. 바로 병자들을 치유하시기 위해서였다.

그래서 여러 전공들 중 가장 급한 환자들을 치료하는 외과를 선택하는 것이 합당하다고 생각했다. 그는 다른 과에 미련을 두지 않고 외과로 지원을 하였다. 그리고 자기에게 주어진 외과의사로서의 길을 후회하지 않으면 성실하게 감당하고 있다.

많은 이들이 자기에게 주어진 결정의 기회에서 자기만의 잣대로 결정하려고 한다. 입으로는 비전을 말하면서도 막상 결정의 순간에서는 수익성을 먼저 살피곤 한다. 혹은 그 일의 장래가 어떠할까를 계산하게 된다.

우리는 무엇인가를 결정할 때에 항상 하나님의 말씀이 비추는 빛 가운데 해야 한다. 하나님의 말씀에 근거하여 결정하면 그 결정은 결국 가장 현명한 결정이 된다. 하나님의 말씀에 사로잡힐 때 말씀이 삶을 붙들고 이끌어 가게 된다. 말씀에는 강력한 능력이 있어서 그 어떤 장애물도 기꺼이 돌파하게 한다.

"모두 KTX를 들어 주시기 바랍니다"

<고인돌 가족 플린스톤The Flintstones>은 원시인들의 생활을 그려내어 현대인의 생활을 풍자한 영화이다. 이 영화에서 원시인들은 현대인들의 문화를 아주 원시적으로 재현한다. 예를 들어, 이 영화에는 기상천외한 버스가 등장한다. 버스처럼 생긴 큰 박스 안에 운전기사가 있으며, 손님들이 탑승한다. 손님들이 탑승하면 운전기사는 손님들에게 큰 소리로 요구한다. "이제 출발하겠습니다. 손님들께서는 모두 버스를 들어 주시기 바랍니다."

그 소리에 모든 손님들이 팔을 내밀어 버스를 붙잡고 들어 올린다. 그리고 "출발!" 소리에 맞추어 손님들은 일제히 버스를 들고 달

리게 된다. 운전기사가 속력을 높인다고 외치면 손님들은 일제히 그 속력에 맞추어 빨리 달린다.

이 원시인들에게는 택시도 있다. 택시의 작동 원리는 버스와 동일하다. 손님이 탑승하여 목적지를 말하면 운전기사와 손님이 함께 택시를 들고 달리기 시작한다.

나는 그 영화를 보면서 왜 그 버스를 타는지 의문이 들었다. 요즘은 KTX를 이용할 때에 가끔씩 그 영화의 장면이 생각나곤 한다. 만일 그 영화대로라면 어떤 일들이 벌어질지를 상상한다. 기장이 먼저 안내방송을 한다. "오늘도 저희 KTX를 이용하여 주셔서 대단히 감사합니다. 그럼 이제 출발하겠습니다. 모든 손님들께서는 일제히 KTX를 들어 주시기 바랍니다." 그리고 기장의 출발 신호와 동시에 모든 손님들이 KTX를 들고 뛰기 시작한다. 만일 그러한 상상이 현실로 이뤄진다면 그 누가 KTX를 이용할 것인가?

천만 다행스럽게도 KTX는 그렇게 움직이지 않는다. KTX에는 동력을 만들어내는 기관차가 있다. 그리고 객차들은 기관차와 연결되어 있다. 기관차가 움직이면 객차도 자연스럽게 움직이게 된다. 그리고 시속 300킬로미터의 속력으로 질주하게 된다. 중요한 것은 각 객차가 기관차에 잘 연결되어 있는 것이다.

하나님의 말씀이 게임체인저들의 동력이다. 게임체인저들은 개인의 권능과 경건의 능력으로 쓰임 받지 않는다. "이것을 보고 백성에게 말하되 이스라엘 사람들아 이 일을 왜 놀랍게 여기느냐 우리 개인의 권능과 경건으로 이 사람을 걷게 한 것처럼 왜 우리를 주목

하느냐"^{사도행전3:12}

나의 삶을 지탱하는 말씀은 다니엘서 12장 3절의 말씀이다. "많은 사람을 옳은 데로 돌아오게 한 자는 별과 같이 영원토록 비취리라" 사역의 방향을 두고 기도할 때에 하나님께서는 이 말씀을 내게 주셨다.

『불꽃세대』 책 제목 정하기

"황금시대는 황금만능주의를 연상시키는데요."

"황금세대라니 황금 빵이 생각나네요."

내 첫 번째 책을 저술하는 과정에서 주변의 사람들이 이러한 반응을 보였다. 집필하는 동안 나는 '황금세대Golden Generation'라는 용어에 매력을 느껴 왔다. 그래서 첫 번째 책의 제목을 '황금시대를 열어 가는 황금세대'로 정하였다.

집필이 거의 완료되어 갈 즈음, 기도를 요청한 이들이 책 제목을 물어보는 경우가 많았다. 나는 아주 자랑스럽게 처음의 제목을 말하였는데, 내 의도와는 다르게 반응이 그리 좋지 않았다. 제목을 정하는 것이 무엇보다 중요하였기에 나는 심각하게 고민하면서 집중적으로 기도하기 시작했다.

그 즈음에 어느 새벽기도회 시간에 놀라운 일이 일어났다. 당시 우리 교회에서는 매일 성경을 한 장씩 차례대로 읽어 나갔다. 어느 날 새벽에 읽은 성경은 시편 18편이었다. 본문을 함께 읽어 내려가면서 한 성경 구절에 눈이 머무르게 되었다. 그 말씀은 시편 18편 28절 말씀이었다. "주께서 나의 등불을 켜심이여 여호와 내 하나님이 나의 흑암을 밝히시리이다"

그 말씀을 읽는 순간 그 말씀이 나의 마음을 사로잡았다. 아무리 힘들고 어두운 흑암 같은 삶이라고 해도, 그 삶에 하나님께서 불을 붙여 주신다면 그 삶이 강렬하게 타오를 것이라는 생각이 나의 맘을 사로잡았다. 하나님께서 삶에 불붙여 주시면 그 삶은 하나님의 영광으로 가득하게 될 것이다.

이 말씀을 깊이 묵상할수록 마음이 뜨거워졌다. 그 말씀은 온종일 나의 마음을 가득히 채웠다. 그리고 하나님의 불꽃이 강력하게 타오르는 시대에 대한 생각이 나를 사로잡았을 때, 나의 머리를 스치며 지나가는 생각이 있었다. 하나님의 영광이 온 세상을 편만하게 덮는 그 시대는 '불꽃시대'이다. 그 시대를 열어가는 세대는 '불꽃세대'이다.

나는 책의 제목을 '불꽃시대를 열어 가는 불꽃세대'로 수정하였다. 당시는 싸이월드가 크게 유행하던 시기였다. 나는 이러한 내용을 담은 '전체 쪽지'로 '관심일촌'들에게 자문을 구하였다. 답변을 보내어 준 분들의 90퍼센트 이상이 '불꽃세대'를 지지했다.

물론 그 당시까지도 나에게는 '황금세대'에 대한 아쉬움이 남아 있었다. 하지만 그러한 아쉬움을 털어 버리고서 '불꽃세대'로 결정하였다. 이렇게 하여 탄생된 책이 『불꽃시대를 열어 가는 불꽃세대』였다. 이 책은 이천 목사님을 통하여 <불꽃세대>라는 찬양을 탄생시켰다.

만일 그때 내 취향대로 '황금세대'를 밀어붙였다면 이러한 일들이 가능하였을까? 이 일로 나는 중요한 교훈을 얻게 되었다. 중요한 선택을 할 때 하나님의 말씀에 집중하고, 그 말씀의 인도를 받아야 한다는 것이다. 그것이 가장 효과적인 것임을 생생히 체험하게 되었다. 중요한 선택을 앞두고 자신의 느낌을 포기하고 말씀을 따라 선택해야 한다. 내가 선택하고 순종하는 말씀이, 나로 하여금 가장 현명한 선택을 하게 해 준다.

보통의 사람들은 자기들의 맘에 드는 글귀를, 혹은 선친들의 유언을 이루려고 살아간다. 그러한 삶은 참으로 치열하고 힘에 부치는 삶이다. 불꽃세대는 자기 삶을 맡길 말씀 하나를 그 심령 속에 새겨야 한다. 그 말씀을 붙들고 간구하고 소망하며 헌신할 때에, 말씀의 위력을 분명히 경험하게 된다.

게임체인저는 말씀 하나 붙들고 살아가는 말씀의 사람이다. 하나님의 말씀을 주야로 묵상하고 순종하기로 도전하는 사람을 게임체인저로 사용하신다. 하나님께서 세미한 음성으로 말씀하신 그 말씀 하나에 자신의 삶을 거는 사람이다.

하나님의 말씀에 사로잡히면, 그 말씀이 그들의 삶을 지탱하고 인도해 간다. 하나님께서는 말씀에 사로잡힌 게임체인저를 통하여 불꽃시대의 문을 열어 가신다. 그것은, 불꽃시대는 말씀이 가득한 영광의 시대이기 때문이다.

미친 바람을 지배한 사람

바울은 얼마든지 출세가 보장된 길을 기꺼이 포기하고 복음전도 자로 살았다. 바울에게는 간절한 소원이 있었다. "내가 거기 갔다가 후에 로마도 보아야 하리라 하고"사도행전19:21 이것은 바울 개인의 욕심이 아니었다. 하나님께서 바울을 통해 세우신 섭리를 따르는 것이었다. "주께서 이르시되 가라 이 사람은 내 이름을 이방인과 임금들과 이스라엘 자손들에게 전하기 위하여 택한 나의 그릇이라"사도행전9:15

바울이 한평생 소망하였던 로마행의 꿈이 드디어 성취된다. 하지만 그 꿈이 이루어질 때 그의 신분은 죄수였다. 죄수복을 입고, 로마로 재판을 받기 위하여 가게 되었다. 그럼에도 불구하고 바울은 기쁨으로 로마를 향하여 다가간다. 바울은 죄수의 한 사람으로서 다른 여러 죄수들과 같이 이 배에 탔다.

이 배 안에는 죄수를 인솔하는 책임을 진 지휘관 백부장 율리오와 여러 군인들, 선원들이 함께 타고 있었다. 로마로 가는 그 항해에서 이 배는 거대한 폭풍 유라굴로를 만난다. 엄청난 바람과 파도가 미친 듯이 몰아쳤으므로 배가 금방이라도 뒤집힐 지경이었다. 조금이라도 배를 가볍게 하기 위해서 배에 실었던 물건들을 전부 바다에 던져야만 했다.

밤낮 사흘 동안을 풍랑과 싸웠다. 모든 사람들은 탈진 상태에 빠졌다. 그치지 않는 폭풍 속에서 그 어떤 기술도 소용이 없게 되었다. 능숙한 뱃사람의 경험도, 용감한 로마군인의 용기도 광풍 앞에서는 의미가 없었다. 배는 침몰 직전에 놓이게 되었다. 배에 탄 사람들은 살아서 돌아갈 희망을 완전히 잃어버렸다. "여러 날 동안 해와 별이 보이지 아니하고 큰 풍랑이 그대로 있으매 구원의 여망이 다 없어 졌더라"사도행전27:20

거센 풍랑 속에서 사람들의 모든 소망이 사라진 그 순간, 한 외침이 있었다.

"이제는 안심하라!"

이는 배를 지휘하는 선장에게서도, 죄수들을 호송하는 백부장에게서 나온 것이 아니다. 죄수복을 걸친, 한 보잘것없는 죄수인 바울의 입에 나온 외침이었다. 바울은 22절과 25절에서 두 번에 걸쳐 안심하라고 외친다. 바울은 강력하게 확신을 가지고 외친다. "내가 너희를 권하노니 이제는 안심하라 너희 중 아무도 생명에는 아무런 손상이 없겠고 오직 배뿐이리라"사도행전27:22

바울이 특별한 사람이라서 이 같은 자신 있는 태도를 가지는 것이 아니다. 바울에게는 풍부한 항해의 경험도 없었다. 로마 군인들처럼 전투를 겪으면서 죽음을 두려워하지 않는 용기를 얻은 것도 아니다. 바울도 지극히 연약한 존재이다. 말년에 감옥에서 쓸쓸함을 견디기 힘들어 디모데에게 얼른 와달라고 요청했다. 그런 바울이 두 번이나 강력하게 외칠 수가 있었던 것은 이유는 무엇인가?

첫 번째로, 그는 제대로 보았기 때문이다. 풍랑이 치는 배 위에서 사람들은 거대한 거친 파도, 공포에 물든 사람들의 얼굴, 곧 침몰할 듯한 배를 보았다. 하지만 바울은 폭풍속에서도 임재하신 주님을 보았다. "내가 속한 바 곧 내가 섬기는 하나님의 사자가"사도행전27:23

두 번째로, 그는 제대로 들었기 때문이다. 풍랑이 치는 배 위에서 사람들은 바람과 파도 소리, 배가 부서지는 소리, 사람들의 비명 소리를 들었다. 하지만 바울은 폭풍 속에서도 말씀하시는 주님의 음성을 들었다. "어젯밤에 내 곁에 서서 말하되 바울아 두려워하지 말라 네가 가이사 앞에 서야 하겠고 또 하나님께서 너와 함께 항해하는 자를 다 네게 주셨다 하였으니"사도행전27:23하-24

세 번째로, 그는 제대로 믿었기 때문이다. 사람들은 '이제 우리는 죽었다' 하는 공포에 사로잡혀 있었다. "구원의 여망마저 없어졌더라"사도행전27:20 하지만 바울은 폭풍 속에서도 말씀하시는 주님의 음성을 믿었다. "그러므로 여러분이여 안심하라 나는 내게 말씀하신 그대로 되리라고 하나님을 믿노라"사도행전27:25

유라굴로 속에서 바울과 선원들의 모습이 극명하게 대조된다. 모두가 살 희망을 잃어버리고 절망하는 순간에도 바울은 당당함을 잃지 않는다. 바울은 희망을 잃어버린 사람들에게 희망을 주고 있다.

바울은 그 누구도 감당하지 못하는 풍랑의 문제를 해결하는 게임체인저였다. 거대한 풍랑 앞에서 바울은 점점 위대해 보이고, 다른 사람들은 점점 초라해졌다. 바울이 풍랑에 대한 최고의 전문가이기 때문이 아니다. 이것이 그리스도인의 당연한 모습이다.

그리스도인은 그 어떤 전문가도 포기할 수밖에 없는 상황을 해결하는 게임체인저이다. 그리스도인이 이러한 일들을 감당할 수 있는 것은 영적인 충만 때문이다. 말씀과 기도와 찬양으로 무장된 그리스도인은 온전한 게임체인저로 쓰임 받게 된다.

2. 인격: 사람을 대하는 태도

게임체인저는 결코 독불장군이 아니다. 하나님의 게임체인저는, 진공상태에서 살아가는 존재가 아니다. 하나님의 게임체인저는, 이 땅을 밟고 살아가는 피와 살을 가진 육체이다. 하나님의 게임체인저에게는 하나님의 은혜가 필요하지만, 사람들의 위로도 필요하다.

(1) 친구—나를 만들어주는 동역자

하나님의 게임체인저는 동일한 믿음을 가진 친구로 인해 완전해진다.

나는 네가 올 줄 알았어
'데니스'와 '켄'은 아주 가까운 친구였으며, 월남전이 한창이던 때에 함께 참전했다. 어느 날 그들이 속한 소대가 베트콩의 공격을 받고 위험에 처했다. 소대장은 후퇴를 명하였지만, 켄이 그만 다리에 총을 맞고 쓰러지고 말았다.

데니스는 소대장에게 간곡하게 요청을 하였다. "제가 가서 켄을 구해오겠습니다." 소대장은 그 요청을 거절하였다. "그만두게! 총알이 비 오듯 쏟아지는데!" 데니스는 소대장의 반대에도 불구하고 끝내 켄을 구하러 뛰쳐나갔다. 켄을 끌고 오던 중 켄은 죽고 말았으며, 데니스도 부상을 입었다.

힘들게 진지로 돌아온 데니스를 향해 소대장은 불같이 화를 내며 야단을 쳤다. "왜 명령에 불복하나? 켄은 죽고, 너도 다치지 않았나!" 그때 데니스는 고개를 숙이며 말했다. "그렇습니다. 하지만 제가 켄에게 갔을 때 켄이 저에게 말했습니다. '난 네가 올 줄 알았어!' 라고요."

사람이 자라면서 가장 영향을 많이 받는 이들은 부모나 친척이 아닌 친구들이다. 친구를 통하여 사회를 배우고, 인격이 형성된다. 그러므로 그 사람을 알려면 그의 친구를 보라는 말은 틀림없는 사실이다. 사람은 절대적으로 믿어주는 친구로 인하여 큰 위로를 받게 된다.

위대한 일들을 감당한 사람에게는 위대한 친구가 있다. 그 친구를 통하여 새로운 힘과 용기를 얻고 눈부신 삶을 살아갈 수 있게 된다. 미국의 제16대 대통령 링컨Abraham Lincoln은 나라의 운명이 걸린 위기의 순간에 그랜트Ulysses S. Grant와의 우정으로 버틸 수가 있었다. 링컨은 기도의 사람으로서 하나님의 위로를 얻었지만, 친구의 우정도 필요하였다.

다니엘에게는 같은 믿음의 고백을 가진 친구들이 있었다. 죽음을 바로 눈앞에 둔 상황에서도 "그리 아니하실지라도"라고 하는 믿음의 주인공들이다. 그와 같은 담대한 믿음의 동지가 다니엘을 더 강하게 하였다.

다윗의 방패, 요나단

다윗에게는 요나단이라는 눈부신 친구가 있었다. 요나단은 다윗을 죽이려는 사울왕의 아들이었다. 요나단은 왕자이기에, 사울 이후에 왕이 될 신분이었다. 사울이 하나님을 외면하자, 백성들의 마음은 사울을 떠나 다윗에게로 향하였다.

백성들의 마음이 다윗에게로 기울면 요나단이 왕이 될 확률은 점점 줄어든다. 그럼에도 요나단은 다윗을 사랑하였는데, 자기 목숨만큼 사랑하였다. "요나단이 다윗을 사랑하므로 그로 다시 맹세케 하였으니 이는 자기 생명을 사랑함 같이 그를 사랑함이었더라"사무엘상20:17

요나단은 다윗을 죽이려는 사울의 횡포에 정면으로 맞서 목숨을 걸고 다윗을 돕는다. 다윗이 '십 광야'에 피난할 때에도 요나단은 하나님을 힘있게 의지하도록 위로한다. "사울의 아들 요나단이 일어나 수풀에 들어가서 다윗에게 이르러 그로 하나님을 힘 있게 의지하게 하였는데"사무엘상23:16

요나단이 다윗을 향하여 이 같은 사랑을 보여 준 것은 같은 믿음

때문이었다. 요나단은 블레셋을 공격할 때 아름다운 신앙고백을 한다. "여호와의 구원은 사람의 많고 적음에 달리지 아니하였느니라" 사무엘상14:6 다윗도 골리앗을 대면하였을 때에 놀라운 신앙고백을 한다. "또 여호와의 구원하심이 칼과 창에 있지 아니함을 이 무리로 알게 하리라 전쟁은 여호와께 속한 것인즉"사무엘상17:47

요나단은 같은 믿음을 가진 다윗에게 놀라운 우정을 베풀었다. 요나단의 우정에 대해 다윗은 너무도 귀한 고백을 한다. "그대가 나를 사랑함이 기이하여 여인의 사랑보다 더하였도다"사무엘하1:26 요나단과 다윗이 만났을 때는 시대가 암울한 상황이었다. 사울의 통치가 어긋나면서 올바른 믿음을 보기 힘든 시대였다. 다윗은 어지러운 사울의 시대를 끝내는 하나님의 게임체인저였다. 다윗이 하나님의 게임체인저로 준비되는 데 멋진 친구 요나단의 도움은 절대적이었다.

예수님께서도 제자들을 전도 보내시면서 홀로 보내시지 않으셨다. 예수님께서는 반드시 두 사람씩 짝을 지어 가게 하셨다. 혼자서 활동할 때에 잘되면 교만하고 잘 안 되면 실망하고 낙심하기 때문이다.

이처럼 위대한 불꽃시대를 열었던 게임체인저들에게는 눈부신 친구들이 있었다. 그 친구들 덕분에 게임체인저는 도움을 받기도 하며, 더욱 눈부신 열쇠로 다듬어져 갔다.

한 소년이 한 소년을

귀남이는 과학 수업시간에 외설적인 만화를 유장이에게 보여주겠다고 하였다. 하지만 그의 짝인 유장이는 완강하게 거절을 하였다.

"야! 너 이거 안 볼래?"

"나는 그런 거 안 본다. 얼른 치워라."

"야, 이거 아무도 안 보여 준 거야. 네가 짝이라서 특별히 보여 주는 거라고. 그러니까 얼른 보고 돌려줘."

"웃기지 마! 난 그런 거 절대 안 본다."

"아니 왜? 뭐 때문에 안 보려고 그러는데? 이게 얼마나 재미있는데."

"아 글쎄 나는 그딴 거 안 본다. 난 교회 다니기 때문에 볼 수 없어!"

호기심이 왕성한 남학생들이 서로 보겠다고 다투던 만화책을 유장이는 단호히 거부했다. 그러자 귀남이는 이상한 생각이 들었다. 귀남이는 유장이보다 성적이 더 좋았기에 우월감을 가지고 있었다. 그런데 유장이가 거절하자 그가 도덕적 우위에서 자기를 내려다보는 기분이 들었다.

"어 진짜 희한하네! 그럼 교회를 다니면 그런 거 안 보게 되나?"

"그래, 교회에 가면 그런 거 볼 필요도 없다."

"그러면, 나도 네가 다니는 교회에 한 번 가도 되냐?"

"그럼! 다음 주에 교회 가자."

"교회에 가면 머 하는데? 아무도 나한테 교회에 가자는 이야기를 하지 않았는데."

"아무튼, 교회에 가면 참 좋다."

교회에 가자 귀남이는 지금까지 자신이 살아왔던 것과는 전혀 새로운 세계를 보았다. 귀남이의 어린 시절은 황폐함 그 자체였다. 귀남이의 어머니는 정신적인 장애가 있었기에 가정이 깨어지게 되었다. 그 때문에 귀남이는 엄마를 엄마로 여기지 않고, 그의 정서는 점차 거칠어져 갔다.

이처럼 집안 형편이 어려웠기에, 귀남이는 초등학교 2학년 때부터 신문배달을 해야 했다. 그러한 상황에서도 귀남이는 성실히 공부하여 전교 1등까지 하였다. 늘 행색이 초라하였던 귀남이는 선생님에게 친구의 답안지를 베낀 것 아니냐는 오해도 받았다. 귀남이는 그 누구에게서도 사랑을 받지 못한 삶을 살아왔다.

그랬던 귀남이는 교회에서 그동안 못 받은 사랑을 선생님들과 성도님들에게서 받았다. 이를 계기로 귀남이는 더욱 열심히 교회를 다녔다. 그리고 중3 수련회 때에 예수님을 인격적으로 만났다.

수련회의 결단기도시간에 귀남이는 특별한 경험을 하게 되었다. "아! 누가 때리지도 않았는데 너무 아프네." 그러한 귀남이를 유장이는 이렇게 위로했다 "너의 상처를 주님께서 만져 주시는구나!" 그 시간에 귀남이는 완전한 치유를 받았다. 주변 사람들에게서 인정받지 못해 자존감이 낮다고 느끼던 삶이 달라졌다. 그리고 정말 모두가 놀라는 영향력 있는 사람으로 섬기게 되었다

귀남이의 친척이 이따금 이렇게 말한다고 한다. "나는 교회를 안 다니고, 예수님을 안 믿어. 근데, 너를 보니깐 네가 믿는 하나님이 살아계시는 거 같다." 귀남이의 어두운 삶의 궤도를 바꾸는 데 친구인 유장이가 쓰임을 받았다. 이처럼 게임체인저로 쓰임받기 원한다면 동일한 믿음의 친구가 필요하다.

철이 철을 날카롭게 하듯이

다이아몬드를 연마하기 위해서는 다이아몬드가 필요하듯이, 친구가 그 사람의 얼굴을 빛나게 한다. "철이 철을 날카롭게 하는 것 같이 사람이 그의 친구의 얼굴을 빛나게 하느니라"잠언27:17 게임체인저로서 온전한 사역을 하려면, 자신을 세워 주고 격려해 주는 친구를 만나야 한다. 영성을 뜨겁게 해 주며, 비전을 구체적으로 키워 주는 친구를 만나야 한다. 죄성을 자극하며, 허영과 욕망을 충동질하는 친구들과의 만남은 기피해야 한다.

그러므로 의도적으로라도 좋은 친구들과 만나려고 해야 한다. 이러한 사람을 알아볼 수 있도록 나의 안목을 높여야 한다. 이러한 사람이 나에게 다가올 때에 붙들 수 있어야 한다. 그러한 사람을 소중한 친구로 섬길 수 있도록 준비해야 한다.

이를 위해서는 하나님의 게임체인저들이 모이는 자리로 가기를 힘써야 한다. 경건의 자리와 영성훈련의 자리에 게임체인저들이 사모함을 가지고 모인다. 향락의 자리에는 향락을 즐거워하는 사람들이 모이게 된다. 그러므로 은혜로운 자리에 머물 수 있도록 노력해야 한다. 또한 그들이 나를 바라볼 때도 같은 도전을 받을 수 있는 친구가 되도록 해야 한다.

(2) 배우자—나를 완성해주는 동반자

불꽃시대를 만들어 가는 또 하나의 만남은 나를 완전하게 채워주는 동반자인 배우자이다. 나의 약함을 보완하고, 함께 생명의 유업을 더불어 나누어 주는 만남을 가져야 한다. 하나님께서 준비하신 돕는 배필을 통하여 더욱 귀하게 된다.

배고프다고 아무것이나 먹지 않는다. 목마르다고 아무것이나 마시지 않는다. 그것처럼, 외롭다고 아무나 만나서는 안 된다. 다른 커플들이 부러워서 연애 코스프레를 하는 것을 중요한 사명으로 여기지 않는다. 이성들에게서 인기를 얻는 것이 최고의 가치도 아니다. 하나님의 게임체인저는 진정한 가치를 위하여 살아간다.

각 나라별 이상형의 조건들

각 나라별로 여자들이 선호하는 남자의 스타일은 각기 다르다고 한다. 영국여자는 신사 같은 남자에게서 호감을 느낀다. 프랑스 여자는 패션 감각이 뛰어난 남자를 좋아한다. 미국 여자는 용감하고 유머감각 있는 남자를 선호한다. 일본 여자는 번듯한 직장이 있는 남자를 원한다. 그러면, 한국여자가 원하는 배우자는 어떠해야 할까? 패션 감각이 뛰어나고, 용감하고, 유머 감각과 신사의 매너가 있는 대기업 다니는 남자여야 한다는 농담이 있다.

각 나라별로 남자들이 좋아하는 여자의 스타일도 각기 다르다고 한다. 영국 남자들은 요리 잘하는 여자를 선호하며, 프랑스 남자들은 지적인 여자를 좋아한다. 미국 남자들은 자기 개성이 강한 여자를 선호한다. 일본 남자들은 순종적인 여자를 원한다. 그러면, 한국 남자가 원하는 배우자는 어떠해야 할까? 농담이겠지만, 그저 예쁘면 된다고들 한다.

결혼한 부부들에게 결혼을 하게 된 이유를 질문하면 다양한 답변을 얻는다.

"사랑하는 사람과 헤어지기 싫었어요."
"사랑하는 이와 아침을 같이 맞이하고 싶었습니다."
"혼자 있는 게 너무도 허전해서요."
"결혼할 나이가 되었고, 달리 만날 사람이 없다고 생각했습니다."

이처럼 보통 사람들이 결혼을 하는 이유는 대개 자기중심적이다. 그러나 하나님의 게임체인저가 될 그리스도인들은 결혼을 세상의 기준과 다르게 본다. 그리스도인에게 결혼이란 '언약의 백성이 언약의 백성을 만나 언약의 가정을 이루어 언약의 백성을 양육하여, 하나님의 언약이 계승되게 하는 것이다.'

가정은 하나님께서 이 세상에 보내실 경건한 언약의 자손들의 둥지를 만드는 것이다. 험하고 악한 이 세대에 물들지 않고 순결하게 자라날 믿음의 자손들을 이어 가는 것이다. 결혼은 한 사람의 삶에서 그 무엇보다도 중요한 선택이다. 결혼은 한 사람의 생애를 결정적으로 변모시키는 힘을 가지고 있기 때문이다.

북이스라엘의 아합왕은 극도로 사악한 이방인 여자 이세벨과 결혼하면서 이스라엘 역사에서 가장 악한 왕이 되고 말았다. 솔로몬은 자기 욕망에 따라 결혼하면서 점차 몰락하게 되었다. 많은 그리스도인들이 결혼을 세속의 가치관에 맞추어 진행한다.

하나님의 게임체인저는 자기의 소견에 옳은 대로가 아니라 기독교 세계관에 근거하여 산다. 그러므로 서두르지 않고 하나님께서 허락하신 시간에 결혼한다. 게임체인저는 자기가 원하는 기준에 부합하는 사람이 아니라, 하나님께서 보내신 사람과 결혼한다.

'Feel'인가, 믿음인가?

예전에 신앙생활을 잘하던 한 자매와 결혼 상담을 한 적이 있었다. 그 자매는 불신 가정에서 자랐기에 평생의 소원이 가정예배를 드리는 것이라고 하였다. 그 고백이 참 귀하게 여겨져서 여러 형제들을 수소문하였다.

마침 좋은 형제를 소개받아서 내가 먼저 만나 보니 참 좋은 청년이었다. 장로님과 권사님을 부모로 둔 그 형제는 모든 면에서 합격점을 줄 만했다. 경제적인 상황도 가정을 꾸려 나가는 데에는 문제가 없어 보였다. 나는 그 형제를 자매와 만나도록 주선하였다.

두 사람이 처음 만난 이후에, 자매로부터 마음에 든다는 이야기를 들었다. 그리고 그 두 사람은 교제를 시작하였다. 그 형제는 오랜 시간에 걸쳐 자기의 신앙을 간증하고, 비전을 말하였다고 하였다. 그 이야기를 하는 자매는 얼굴에 혈색이 돌았다. 두 사람은 행복한 시간들을 누렸다.

그러던 어느 날, 두 사람이 헤어졌다는 이야기를 들었다. 혹여라도 그 남자에게 치명적인 문제가 있었는가를 물었지만 아니라고 했다. 그 가정에 부채 같은 다른 문제점이 있는 것도 아니라고 했다. 그러면 도대체 왜 헤어졌냐고 질문을 하자, 자매는 어렵게 말을 꺼내었다. "그분이 정말 매너가 있고, 밝고, 저를 많이 아껴 주었어요. 부모님들도 저를 참 좋게 여겨 주셨어요. 그런데 그 형제님은……참 좋은데…… 키가 작아서 필이 안 와요."

많은 청년들이 결혼을 앞두고서 신앙적인 면모를 중요하게 여긴다. 그런데 결혼을 결정할 때는 자기 안목에 따라 세운 기준에 의존한다. 말로는 결혼에서 신앙이 중요하다 하면서도, 정작 결혼을 진행할 때는 자기 느낌을 중요하게 여긴다.

우리들의 안목은 결코 믿을 수 없다. 사람의 눈으로 보는 것과 자신이 경험한 것이 전부가 아니다. 가장 어리석은 사람은 자신의 안목에 기대어 중요한 일을 결정하는 사람이다. 자기의 생각, 감각, 느낌으로 자기의 배우자로 결정하는 사람은 참으로 어리석은 사람이다.

창세기 13장에서 두 가지의 결정적 선택이 나온다. 아브라함의 조카 롯은 자기의 안목을 따라서 비옥한 땅을 선택하였다. 롯이 선택한 땅은 우선 보기에는 좋은 조건들을 모두 갖추었지만, 결국은 멸망의 땅이었다. 반면 아브라함은 자기의 안목이 아니라, 하나님께서 인도하심에 따라 순종하였다. 자기의 판단, 생각, 욕망에 따라 살아가는 삶은 결국 무너지고 마는 것이다.

성경에서 가장 암흑기였던 사사시대에 사람들이 그랬다. "그때에 이스라엘에 왕이 없으므로 사람이 각기 자기의 소견에 옳은 대로 행하였더라"사사기17:56, 21:25

하나님의 게임체인저는 자기의 결정과 판단을 내려놓는다. 모든 판단해야 할 순간에 하나님의 인도하심을 구해야 한다. 결혼을 결정하고 준비하는 과정에서는 더욱 철저히 그러해야 한다.

아브라함은 그의 아들 이삭의 결혼에 하나님께서 인도해주실 것을 확신했다. 아브라함은 이를 위해 그의 종 엘리에셀을 보내면서 하나님의 인도하심을 강조했다. "그가 그 사자를 너보다 앞서 보내실지라 네가 거기서 내 아들을 위하여 아내를 택할지니라"창세기24:7

엘리에셀은 주인 아들의 배우자를 찾는 사명을 성실히 수행한다. 엘리에셀은 그 사명을 완성시키려고 자기의 안목에 의존하지 않는다. 정말 중요한 이 사명을 하나님께 전적으로 의존한다. "그가 이르되 우리 주인 아브라함의 하나님 여호와여 원하건대 오늘 나에게

순조롭게 만나게 하사 내 주인 아브라함에게 은혜를 베푸시옵소서"
창세기24:12

2022년 JTBC 드라마 <기상청 사람들>에서는 자기의 딸을 결혼시키려는 어머니의 노력이 나온다. 딸의 결혼을 위하여 어머니는 결혼정보회사에 등록을 한다. 딸이 기상청에 근무하기에, 자기의 딸은 등급이 높을 것이라고 확신한다. 결혼정보회사 직원은 어머니가 작성한 서류를 검토하더니 15등급 중에 8등급이 나온다고 통보한다.

딸에 대해 자부심이 있던 어머니는 도무지 납득할 수 없었다. 어머니의 질문에, 직원은 부모의 사회적 지위와 재력이 등급을 결정하는 중요한 요소라고 대답한다. 방대한 자료들 중에서 가장 적합한 상대를 택하고 결혼해도 결혼생활의 성공을 보장해 주지 못한다. 하나님의 게임체인저들은 그저 자기가 호감이 가는 상대와 결혼하지 않는다.

다윗을 지킨 여인, 아비가일

다윗은 망명생활을 할 때에 큰 고비를 여러 번 만났다. 다윗이 바란 광야에서 망명생활을 할 때였다. 그 지역에는 나발이라는 큰 부자가 살았다. 성경은 이렇게 설명하고 있다. "마온에 한 사람이 있는데 그 업이 갈멜에 있고 심히 부하여 양이 삼천이요 염소가 일천이므로 그가 갈멜에서 그 양털을 깎고 있었으니"사무엘상25:2 당대 동방의 최대 부자였다는 욥의 재산이 양이 칠천, 낙타가 삼천, 소가 오백, 암나귀가 오백 마리였다. 나발도 양이 삼천, 염소가 천 마리이니

무척 부유하였음을 보여 준다.

이처럼 부자였던 나발은 인근에 머물던 다윗의 군대에 종종 신세를 지고는 했다. 당시에 목축업을 하던 사람들은 다른 부족이나 도적들에게 가축을 빼앗기는 일이 허다했다. 그런데 다윗과 그의 군대 덕분에 도적들이 함부로 나발의 가축 근처에 오지 못했다. 다윗의 군대가 나발의 목자들을 선대했으므로 나발의 목축은 아무런 방해나 습격 없이 번성할 수 있었다.

다윗은 하나님께서 택하신 자로 널리 알려져 있었다. 선지자 갓, 제사장 아비아달의 전적인 지지를 받고 있었기 때문이었다. 그러나 다윗과 함께한 싸울 남자만 600명이나 되는 사람들을 먹이기에는 형편이 어려웠다. 그러던 중 나발이 양털을 깎는다는 소식을 듣자 다윗은 기뻐하며 소년들을 보내었다. 양털을 깎는 것은 곡식을 추수하는 것과 같다. 그 시기는 곧 큰 축제기간이기에 큰 잔치를 열었다.

다윗은 부하들을 보내어 나발에게 호의를 베풀어 달라고 요청했다. 하지만 나발은 다윗을 모욕하며 거절하였다. "나발이 다윗의 사환들에게 대답하여 이르되 다윗은 누구며 이새의 아들은 누구냐 요즘에 각기 주인에게서 억지로 떠나는 종이 많도다 내가 어찌 내 떡과 물과 내 양 털 깎는 자를 위하여 잡은 고기를 가져다가 어디서 왔는지도 알지 못하는 자들에게 주겠느냐 한지라"사무엘상25:10-11 나발은 다윗과 그 일행을 주인을 배반하고 떠난 불법적이고 하찮은 집단으로 비하하였다. 그런 이들에게 음식을 줄 필요가 없다는 조롱을 쏟아 내었다.

자신과 부하들을 조롱한 나발에게 다윗은 매우 분노했다. 그리하여 나발의 집안 전체를 죽이기로 마음을 먹고 400명의 군사를 직접 이끌고 나섰다. 나발은 집안 전체가 멸족될 크나큰 위기에 처했다.

이 상황을 지켜본 하인들은 나발의 지혜로운 아내 아비가일을 찾아간다. 이 소식을 들은 아비가일은 일단 선물을 준비하여 먼저 다윗에게 선물을 보낸다. 그리고 다윗을 찾아가서 정말 지혜롭게 말한다. "사람이 일어나서 내 주를 쫓아 내 주의 생명을 찾을지라도 내 주의 생명은 내 주의 하나님 여호와와 함께 생명 싸개 속에 싸였을 것이요"사무엘상25:29

지금 다윗은 사울왕에게 쫓기는 신세이다. 이전 같으면 상대할 가치도 안 되는 나발 같은 자에게도 모독을 당했다. 다윗은 지금 자존감이 무너지고 위기감을 느끼고 있는 상태이다. 아비가일은 이러한 상황을 정확하게 인지하고, 다윗을 안심시키는 말을 전한 것이다.

그 어떤 악한 이들이 다윗을 해치려고 해도 다윗은 망하지 않는다고, 다윗의 생명은 하나님께서 생명싸개 속에 싸여 있다고 선포한다. 하나님께서 다윗을 생명싸개 속에 품고 계시면 그 누구도 건드릴 수조차 없다고 다윗을 안심시킨다. 이어서 다윗의 원수들을 하나님께서 심판하실 것이라고 선포한다. "내 주의 원수들의 생명은 물매로 던지듯 여호와께서 그것을 던지시리이다"사무엘상25:29

다윗을 노리는 원수들을 다윗이 싸워 이기는 것이 아니다. 하나님께서 싸우신다. 이러한 메시지를 아비가일은 목동의 물맷돌을 비유로 말한다. 목동이 물맷돌을 던지면 그 돌이 먼 곳으로 날아가 버리듯, 다윗의 하나님께서 다윗의 원수들을 먼 곳으로 날려 버리신다.

이것은 하나의 상징적인 메시지이다. 다윗은 이미 골리앗을 이겼다. 그때에 다윗은 물맷돌을 사용하였다. 그렇기에 아비가일의 메시지는 아주 강력한 감동을 주었다. 지금 다윗을 힘들게 하는 사울왕과 나발이 강한 힘을 가졌다지만, 골리앗에게 이기게 하셨던 것처럼 하나님께서 다윗을 이기게 하실 것이다.

이러한 아비가일의 말에서 다윗은 큰 위로를 얻으면서 분노가 풀린다. 결국 다윗은 나발을 죽이려는 생각을 버리고 돌아간다. 이 사건 이후에 전후 사정을 들은 나발은 공포에 사로잡히고 결국 사망한다. 다윗은 지혜로운 아비가일을 자기의 아내로 맞이한다.

만일 다윗이 분노로 진군할 때 아비가일이 막아서지 않았다면 다윗은 나발뿐 아니라 죄 없는 나발의 가족과 하인들까지 살육하는 참극을 벌였을 것이다. 그리고 다윗이 이렇게 손에 피를 묻혔다면, 하나님의 게임체인저로 쓰임 받지 못하였을 것이다. 하지만 아비가일의 지혜로운 간청이 다윗으로 하여금 칼을 칼집 안에 집어넣게 하였다.

이 정도로 한 사람의 인생에서 결혼은 정말 중요한 전환점이다. 아름다운 결혼을 통하여 그의 삶이 완성되기도 한다. 하지만 어리석은 결혼 때문에 장래가 촉망되는 삶이 무너지기도 한다.

둥지를 만드는 사람들

보통 사람들이 결혼을 하는 데는 갖가지의 이유가 있다. 사랑하는 사람과 헤어지기 싫어서, 사랑하는 이와 아침을 같이 맞으려고 결혼을 하기도 한다. 뒷모습이 듬직해서, 홀로 있는 것이 너무도 허전해서, 집안의 성화에 못 이겨 결혼을 한다. 혹은 결혼할 나이가 되어서 하는 경우도 있다. 이처럼 보통 사람들이 결혼을 하는 이유는 대개 자기중심적이다.

그러나 하나님의 게임체인저인 그리스도인이 결혼하는 이유는 전혀 다르다. 그리스도인에게 결혼은 함께 하나님의 비전을 이루어 갈 동반자를 구하는 것이다. 함께 기도하고 비전을 이루기 위하여 결혼하는 것이다. 하나님께서는 아담이 혼자 사는 것을 좋지 않게 보시고 하와를 주셨다.

결혼은 아름다운 배우자들이 서로를 빛나게 하는 존재가 되게 하는 것이다. 하나님께서 이 세상에 보내실 경건한 언약의 자손들의 둥지를 만드는 것이다. 험하고 악한 이 세대에 물들지 않고 순결하게 자라날 믿음의 자손들을 이어 가는 것이다.

(3) 스승―내 인생을 비추는 등불

하나님의 게임체인저는 스스로 자신을 만들지 않았다. 그 배후에는 반드시 위대한 교사가 있었다. 위대한 교사의 동기부여로 게임체인저는 자신의 잠재력을 꽃피우며 열매를 맺게 되었다. 비록 그들의 첫 모습에는 소망이 없었어도, 스승의 섬김을 통하여 놀랍게 변모한다.

위대한 사람에겐 위대한 교사가 있다

알렉산더 대왕Alexander The Great은 인류의 역사상 동서양을 통합하는 최초의 제국을 이룩하였다. 알렉산더는 왕이 되기에는 여러 가지의 불리한 조건들이 있었다. 그럼에도 스승인 대 철학자 아리스토텔레스의 가르침으로 알렉산더는 제왕에게 요구되는 자격들을 갖추어 나갔다. 그리고 그는 세계 문명사를 새롭게 하는 업적을 이룩하였다.

헬렌 켈러Helen A. Keller는 심각한 장애를 극복하고, 수많은 장애가 있는 이들에게 소망을 심어 주었다. 그녀는 말을 할 수도, 들을 수도, 볼 수도 없는 삼중고를 지닌 채 태어났다. 그러한 장애가 그녀의 유년시절을 황폐하게 하였다. 그러한 힘겨운 인생을 살던 그는 설리번Anne Sullivan Macy 선생님을 만나면서 그 인생이 달라졌다. 하버드 대학 졸업 후 많은 장애인에게 소망을 주고 마침내는 노벨 평화상을 받았다.

우리나라의 전설적인 야구선수였던 이승엽 선수는 처음 프로에 입단하였을 때에는 투수로 입단했다. 그러나 이승엽 선수는 타자로 전향하여 나중에 아시아 홈런 신기록을 깨뜨리는 대형 홈런타자가 되었다. 그 이유는 박흥식 코치라는 훌륭한 지도자를 만났기 때문이었다. 박흥식 코치는 이승엽 선수의 잠재력을 극대화할 수 있도록 조언을 아끼지 않았다. 그의 지도를 성실히 받아 마침내 이승엽 선수는 아시아를 대표하는 홈런 타자로 거듭나게 되었다.

미국 보스턴의 가난한 청소년 수선공이었던 D. L. 무디Dwight Lyma Moody는 에드워드 킴볼Edward Kimball을 만났다. 에드워드 킴볼은 무디에게 복음을 전하였고, 이는 놀라운 변화를 가져왔다. 무디는 1억 명의 사람들에게 복음을 전하며 백만 명이 넘는 사람들의 영혼을 구원하였다. 무디가 설립한 신학교는 1970년대에는 미국 선교사들의 70퍼센트를 배출하였다.

다윗왕은 나단 선지자라는 위대한 스승이 있어서 그의 삶은 무게중심을 잡을 수 있었다. 므낫세 왕은 아하시야라는 선지자가 살아 있을 동안에는 선한 왕의 모습을 가졌다. 엘리사는 그의 스승인 엘리야로부터 올바른 사역자의 자세를 만들어 갔다. 디모데는 그의 스승인 바울로부터 참된 선교자와 목회자의 모습을 이어받았다.

교육은 집어넣는 것이 아니라, 끄집어내는 것이다

르네상스 시대의 위대한 예술가 미켈란젤로Michelangelo가 큰 돌덩어리를 앞에 놓고 망치로 때리고 정으로 쪼고 있었다. 지나가는 사람들이 미켈란젤로에게 물었다. "당신 지금 뭐하고 있소?" 그러자 미켈란젤로는 이렇게 대답했다 "돌 속에 갇힌 천사를 끄집어내고 있는 중입니다."

남들이 보기에는 돌덩이에 불과했지만 미켈란젤로에게는 다르게 보였다. 미켈란젤로는 돌덩이를 바라면서 천사의 이미지를 떠올렸다. 자신 앞의 돌덩이에서 필요 없는 부분만을 정으로 쪼아 없앴다.

진정한 교육은 집어넣는 것이 아니라, 끄집어내는 것이다. 진정한 교육은 정보와 지식을 집어넣는 것이 아니다. 진정한 교육은 그 학생 속에 있는 잠재력을 끄집어내는 것이다.

다이아몬드 발굴 대작전

1캐럿의 다이아몬드를 얻기 위해서는 250톤의 흙을 파내어야 한다. 1캐럿은 0.2그램이다. 다이아몬드 1그램을 얻기 위해서는 1,250톤의 흙을 파내야 한다. 이를 그램 단위로 바꾸면, 다이아몬드 1그램을 얻으려면 12억 5천만 그램의 흙을 파내야 한다. 작은 다이아몬드를 얻는 데 엄청난 노력이 들어간다.

위대한 교사는 학생들의 현재 모습만 주목하지 않는다. 진정한 교사는 수준 미달인 지금의 상황에만 주목하지 않는다. 훌륭한 교사는 학생 속에 담긴 무궁무진한 잠재력을 바라본다. 올바른 교사는 제자에게서 불필요한 요소를 제거하면서 작품으로 만들어 간다.

지난날의 게임체인저들은 스스로 자신을 만들지 않았다. 그들들의 배후에는 반드시 위대한 교사가 있었다. 위대한 교사의 동기부여로 게임체인저는 자신의 잠재력을 꽃피우며 열매를 맺게 되었다. 비록 그들의 첫 모습에는 소망이 없었어도, 스승의 섬김을 통하여 놀랍게 변모했다.

이와 같이 불꽃시대를 열어 가는 게임체인저는 좋은 만남들을 통하여 준비된다. 같은 비전을 가진 친구들과 함께 서로 격려하면서 불꽃시대를 열어간다. 귀한 생명의 유업을 나누는 동반자들과

함께 사역을 이루어 간다. 귀한 스승의 가르침을 통해 그 삶의 방향
을 잡아 간다.

게임체인저는 다른 게임체인저를 만들어 낸다

게임체인저는 그러한 이들을 수동적으로 기다리고만 있지 않는
다. 게임체인저 자신이 먼저 아름다운 친구, 동반자, 스승이 되어
준다.

엘리야와 엘리사는 북이스라엘 왕국에서 사역하였다는 공통점
이 있다. 그들은 완악한 이스라엘 왕국을 향하여 강력한 사역을 담
당하였다. 그러나 그들의 사역의 마지막은 너무도 다른 모습이었다.

엘리야가 행한 사역들은 전무후무한 엄청난 사역들이었다. 그는
갈멜산에서 수백 명의 바알과 아세라 선지자들과 치열하게 싸웠고,
7년 가뭄을 끝내는 엄청난 비를 퍼붓게 하였다. 또한 사르밧 과부의
집에서는 양식이 떨어지지 않는 놀라운 기적들을 체험하였다.

그러나 엘리야는 갈멜 산 대결에서 승리한 후에는 큰 위기를 만
난다. 그는 이세벨 왕비로부터 살해 위협을 받는다. 이세벨이 사환
을 보내어 던진 한마디 협박의 말에 위대한 선지자인 엘리야는 무
너지고 말았다.

엘리야는 살아갈 이유를 잃어버렸다. 극심한 좌절감에 빠진 엘리
야는 자기의 사역지에서 이탈하고야 말았다. 엘리야는 북이스라엘
에서 말씀을 증언하기 위하여 부름을 받았다. 그러나 엘리야는 남
유다 왕국의 제일 남방 지역까지 내려가는 심각한 영적인 침체에

빠졌다.

눈부신 이력의 강력한 선지자에게 전혀 어울리지 않은 좌절과 절망이 그를 지배했다. 그 이유는 엘리야가 자신이 홀로 고군분투하는 것에서 위기감과 고독감을 느꼈기 때문이다. 그러나 하나님께서는 바알에게 무릎을 꿇지 않은 칠천 인을 남겨 주셨다. 만일 엘리야가 그들과 교제했더라면 엘리야의 사역은 새로운 힘을 얻었을 것이다.

엘리야의 제자 엘리사는 생명이 다하는 순간까지 지치지 않는 열정으로 사역을 감당하였다. 엘리사는 죽기 직전까지도 요시야왕이 조언을 얻고자 찾아왔다. 이처럼 엘리사는 생애 마지막 순간까지 특별한 슬럼프 없이 꾸준히 사역을 강력하게 지속하였다.

엘리야와 엘리사의 차이점은, 엘리사에게는 엘리야라는 훌륭한 멘토가 있었다는 것이다. 엘리야의 사역을 통하여 엘리사는 자신의 사역에 대한 확실한 지침을 받을 수가 있었다. 또 엘리사에게는 수많은 신학도들이 있었다. 엘리사는 후진들을 양육하고 훈련하면서 새로운 에너지들을 얻을 수가 있었다.

맹수들은 사냥할 때에 무리에서 떠나 홀로 있는 짐승들을 사냥한다. 형제자매들과 떨어져 홀로 있는 이들은 이러한 점에서 사탄의 직접적인 목표가 된다. 그러므로 함께 기도해 줄 믿음의 스승과 제자를 확보하는 것이 중요하다. 위기를 만나는 순간에 언제든지 가르침을 받을 멘토를 통하여 그 위기에서 벗어날 수 있다.

하나님의 게임체인저인 다윗에게는 위대한 믿음의 스승이 있었다. 사무엘 선지자는 다윗에게 기름을 부어서 왕이 되리라 예언하였다. 아비아달 제사장은 다윗이 목숨이 위태로운 위기를 만날 때에 그를 보호해 주었다. 나단 선지자는 다윗이 범죄하였을 때에 책망하고 회개하도록 하였다. 이처럼 하나님의 게임체인저로 쓰임을 받는 사람은 스승의 보호 아래서 안전하다.

3. 실력: 문제해결력

하나님의 비전을 품은 사람은 그 비전을 닮아 간다. 비전을 가진 사람은 혹독한 시련들을 만나도 이를 이겨낸다. 비전은 저절로 이루어지는 것이 아니기에, 그저 비전을 가지는 것만으로는 충분하지 않다. 하나님께서는 비전을 가진 사람이 그 비전을 위하여 최고의 노력을 쏟도록 인도하신다. 비전에 대한 열정만큼, 비전을 이루기 위한 수고를 다하게 하신다.

두 의사 이야기

한 병원에 두 명의 의사가 있다고 가정하자. 의사 A는 실력은 없지만 인간성은 정말 좋았다. 의사 A는 모두에게 부드러운 미소를 보내는 친절한 의사였다. 환자들에게 상냥하고 친절했으며, 간호사들에게도 깍듯하게 대하였다. 그러나 그가 수술하면 100명 중 10명은 죽거나 식물인간이 되어 버린다.

의사 B는 실력은 있지만 인간성은 아주 나빴다. 그는 괴팍한 성격을 절제하지 않고 사람들을 불편하게 만드는 의사였다. 환자들에게는 안하무인으로 굴었으며, 간호사들에게도 고함을 함부로 지르는 의사였다. 그러나 그가 수술해서 죽거나 식물인간이 되는 사람은 100명 중 한 명도 채 되지 않는다.

만약에 내가 그 병원에 간다면 어느 의사에게 수술을 받을 것인가? 모두가 B라는 의사를 찾아갈 것이다. 대하기에는 불편해도, 병이 나으려면 의사 B를 찾아야 한다.

실력은 비판하는 능력이 아니다. 실력은 문제를 해결하는 능력이다. 그러므로 게임체인저는 실력을 갖추어야 한다. 게임체인저는 실력을 갖춰야 영향력을 발휘할 수 있다. 게임체인저는 준비된 충분한 실력으로 문제들을 해결한다.

성공하려면 성공할 자격부터 갖추어라

신입 선수들과 상견례를 하는 자리에서, 한 선수가 당찬 각오를 밝혔다. "감독님, 저는 3점 슈터로 성공할 거예요. 팀의 클러치 슈터가 되는 것이 목표입니다." 감독은 야무진 각오를 밝히는 그 선수에게 조용히 대답하였다. "그렇다면, 자네는 먼저 살부터 빼게." 그 선수는 농구선수로 보기 힘들 만큼 육중한 몸집이었다.

농구선수로 빼어난 활약을 하려면 민첩하고 날렵하여야 한다. 그러므로 그와는 거리가 먼 선수에게 감독이 정확한 해답을 제시한 것이다. 이 감독은 미국 프로농구NBA 보스턴 셀틱스 팀의 감독이었던 릭 피티노Rick Pitino였다.

『NBA감독이 보는 성공과 인생』이라는 책에서 그는 분명히 단언한다. "성공하려면 성공할 자격부터 갖추어라." 많은 사람들이 성공을 꿈꾸지만, 거의 대부분이 백일몽으로 끝나 버리고 만다. 정말 그 성공을 원한다면 그 성공이 어울리는 준비를 먼저 갖추어야 한다.

전 세계 헤비급 챔피언 조 프레이저Joe Frazier는 "진정한 챔피언은 링에서 인정받는다"라고 하였다. 즉, 링에 올라가는 시간까지 준비한 훈련양이 챔피언을 결정하게 된다는 것이다. 하나님께서 사용하신 게임체인저들도 항상 준비가 되어 있었던 사람이었다.

프로야구는 개막일까지 시범 경기를 한다. 자신이 비시즌 동안 준비하고 훈련한 것을 확인하고 컨디션을 조정하기 위해서다. 신인 선수들은 자신의 역량을 감독과 코치에게 각인시키는 기회이기에 최선을 다한다. 하지만 주전이 확정된 선수들은 기록에 연연하지 않는다. 시범경기는 정식 기록으로 남지 않기 때문이다.

하나님의 게임체인저는 그 어떤 자리에서도 최선을 쏟아 낸다. 그들은 자기들에게 주어진 자리가 어떤 곳이든지 자기가 할 수 있는 최선을 다한다.

비교 불가의 탁월한 실력가 요셉

형들에게 팔린 요셉은 애굽의 보디발 장군의 집에서 노예 생활을 시작했다. 애굽에는 요셉이 아는 사람이 아무도 없었고, 요셉의 지위는 밑바닥이었다. 그 밑바닥의 외로운 자리에서 요셉은 최선을 다하여 일한다. 요셉은 자기가 처한 위치에 연연하지 않았다.

그러한 요셉의 성실함이 주인의 눈에 들었고, 주인은 요셉에게 모든 것을 맡긴다. "그가 요셉에게 자기의 집과 그의 모든 소유물을 주관하게 한 때부터 여호와께서 요셉을 위하여 그 애굽 사람의 집에 복을 내리시므로 여호와의 복이 그의 집과 밭에 있는 모든 소유에 미친지라 주인이 그의 소유를 다 요셉의 손에 위탁하고 자기가 먹는 음식 외에는 간섭하지 아니하였더라"창세기39:5,6 밑바닥 노예로 시작했지만 성실히 최선을 다하였더니 보디발 집의 총무가 되었다.

그런데 보디발의 부인이 요셉에게 누명을 씌웠다. 요셉이 최선을 다하여 섬긴 보디발은 요셉을 감옥에 가두었다. 요셉의 속이 심하게 상할 만한 일이었다. 그러나 감옥에서도 요셉은 성실하게 일했다. 그래서 마침내 감옥을 운영하는 일을 다 맡아서 할 정도로 간수장에게 인정을 받기도 했다.

요셉은 그저 자기에게 주어진 업무만 하지 않았다. 요셉은 감옥에 갇힌 다른 죄수들의 얼굴빛까지 살폈다. "아침에 요셉이 들어가 보니 그들에게 근심의 빛이 있는지라 요셉이 그 주인의 집에 자기와 함께 갇힌 바로의 신하들에게 묻되 어찌하여 오늘 당신들의 얼굴에 근심의 빛이 있나이까"창세기40:6-7

결국 요셉은 애굽 왕 바로에게 불려가서 그의 꿈을 해석하게 되었다. 바로가 꾸었던 꿈은 그 누구도 해석하지 못한 어려운 문제였다. 그런데 요셉은 바로의 꿈을 듣자마자 바로 해석을 하였다. 요셉은 해석하는 것으로 그치지 않고 대안을 제시한다. 이러한 요셉을 향하여 바로는 놀라운 고백을 한다. "바로가 그의 신하들에게 이르되 이와 같이 하나님의 영에 감동된 사람을 우리가 어찌 찾을 수 있으리요 하고"창세기41:38

세상에서 가장 강력한 권력을 가진 바로는 요셉을 애굽 전체의 총리로 임명한다. "자기의 인장 반지를 빼어 요셉의 손에 끼우고 그에게 세마포 옷을 입히고 금 사슬을 목에 걸고 자기에게 있는 버금 수레에 그를 태우매"창세기41:42-43

요셉은 일인지하 만인지상一人之下 萬人之上, 곧 애굽 왕 바로 한 사람 외에는 그보다 더 높은 사람이 없는 애굽 총리가 되지만, 권력에 취하지 않는다. 요셉은 임명을 받는 즉시 현장으로 달려가서 업무를 시작한다. 요셉은 하나님께서 주신 지혜로 7년의 풍년 때 잘 준비하여 이어진 7년의 흉년을 잘 극복한다.

전천후 게임체인저, 다윗

1995년의 영화 <크림슨 타이드Crimson Tide>는 이야기의 주된 배경이 깊은 바닷속 핵잠수함의 내부였다. 거대한 항공모함도 출항할 수 없는 나쁜 기상 상황에도 핵잠수함은 임무 수행에 제한을 받지 않던 것이 인상적이었다. 아무리 강력한 폭풍이 밀려와도 핵잠수함은 깊은 바닷속에서 임무를 수행하듯, 하나님의 게임체인저는 조건이나 환경의 지배를 받지 않는다. 자신의 사회적 지위의 높고 낮음이나 맡은 임무의 크고 작음에 영향을 받지 않는다.

다윗은 무너진 이스라엘 왕국을 불꽃시대로 열어 갈 사명을 위해 기름부음을 받았다. 왕으로 부름을 받은 후 다윗은 왕이 되어서 누릴 특권들을 기대하며 시간을 보내지 않았다. 기름부음을 받고도 아버지가 그에게 맡긴 양 치는 일을 여전히 계속하였다. 사자, 늑대, 곰이 양들을 공격할 때 다윗은 피하거나 숨지 않았다. 자신은 왕이 될 사람이기에 육체를 보존해야 한다는 생각으로 피하지 않았다. 다윗은 자기의 목숨을 걸고 맹수들과 싸워서 자기가 맡은 양들을 구해 내었다. 골리앗이 하나님의 명예를 모독할 때도 다윗은 목숨을 걸고 골리앗과 맞섰다. 다윗은 자기에게 어떤 역할이 주어져도 그 일에 목숨을 걸고 최고의 노력을 다하였다.

하나님께서는 양떼를 위해 목숨을 거는 다윗을 보시며 어떤 마음을 가지셨을까? 하나님의 양떼인 이스라엘을 맡을 목자, 곧 이스라엘 왕의 자격이 있다고 판단하셨을 것이다. 하나님의 이름을 지키는 일에 목숨 바치는 다윗을 보시며 어떤 마음을 가지셨을까? 하나님께서는 하나님 나라 이스라엘을 맡을 자격이 있다고 인정하셨다.

이처럼 주어진 일에 최선을 다하였던 다윗에게 하나님께서는 이스라엘을 맡기셨다. "전에 곧 사울이 우리의 왕이 되었을 때에도 이스라엘을 거느려 출입하게 하신 분은 왕이시었고 여호와께서도 왕에게 말씀하시기를 네가 내 백성 이스라엘의 목자가 되며 네가 이스라엘의 주권자가 되리라 하셨나이다 하니라"사무엘하5:2 다윗은 아버지의 양떼를 맡았을 때도 최선을 다하여 성실하게 사역을 감당했다. 덕분에 이스라엘의 왕으로 세워져서 이스라엘의 불꽃시대를 열었다.

나의 자리에서 최선을 다하는 사람

하나님의 게임체인저는 누구나 될 수 있다. 하나님의 게임체인저란 어마어마한 업적을 남겨야 하는 것이 아니다. 하나님을 위하는 마음으로 하는 그 어떤 일도 거룩한 일이 된다. 그러므로 누구든지 현재 자신에게 주어진 자리에서 최선을 다하여야 한다.

주부는 자기에게 맡겨진 자리에서 최선을 다하여 가정을 섬겨야 할 것이다. "빨래를 투덜거리면서 하는 것이 아니라, 나는 내일의 모세를 위하여 빨래한다." 그러한 각오로 최선을 다한다면 그 자체는 위대한 일이 되는 것이다. 요리사가 요리를 하는 것을 버겁게 여겨서는 안 된다. 단지 월급을 받기 위한 하나의 과정으로 생각해서도 안 된다. '예수님께서 드실 음식을 준비한다'는 각오로 하면, 그것은 위대한 일이 된다.

지금 학생의 신분에서 최선의 모습으로 공부하는 그 자체도 거룩한 일이 된다. 학생들은 공부하는 그 시간도 하나님께 드리는 예배가 되어야 한다. 학업의 시기는 대충 지내고 큰일을 맡게 될 때에야 하나님께 영광을 돌리는 것이 아니다. 무조건 전교 1등, 만점을 받아야만 하나님께 영광이 된다는 것이 아니다. 자신이 받아 드는 성적표가 자신의 최선일 때에 그 자체가 아름다운 영향력이 된다.

게임체인저는 주어진 자리에서 최선을 다하는 그 자체로 하나님께 영광이 된다. 하나님께서는 지금도 그러한 하나님의 사람들을 주목하여 보신다. 현재 자신의 자리에서 최선을 다하는 사람을 게임체인저로 사용하기를 원하신다.

준비된 사람을 준비된 만큼 사용하시는 하나님

하나님께서는 준비된 사람을 준비된 만큼 쓰신다. 사람의 인생은 두 시기로 구분되는데, '준비되는 시기'와 '쓰임 받는 시기'이다. 요셉은 30년간 준비되는 시기를 거쳐서 80년간 쓰임을 받았다. 모세는 80년간 준비되는 시기를 지나 40년간 쓰임을 받았다. 예수님께서는 30년간 준비하셨고 3년간 사역을 감당하셨다.

하나님께서 게임체인저로 사용하신 사람들은 누구나 준비의 시간에 최선을 다한다. 그 연단과 준비의 시간에 얼마만큼 준비되었는가 하는 것이 자기의 가치를 결정한다. 준비의 시간에 철저히 준비하는 것이 하나님께 귀하게 쓰임을 받는 비결이다.

사람의 성장기에는 특별히 많이 성장하는 시기가 있다. 성장이 왕성한 청소년 시기에 충분한 영양 공급을 해 줘야 정상적인 성장이 가능하다. 그 성장의 시기가 지나고 나면, 아무리 영양분을 공급하여도 성장이 되지 않는다. 준비해야 할 시기에 충분히 준비를 갖추지 않으면 다시는 준비할 수 있는 시간이 오지 않는다.

하나님의 게임체인저로 쓰임 받으려면 준비해야 할 시간에 철저히 준비해야 한다. 그 준비가 충실하게 될 때 하나님께서는 마음껏 사용하신다. 그러므로 내가 더욱 쓰임을 받기 위하여서는 지금의 자리에서 최선을 다해야 하는 것이다.

이스라엘 사람들이 보기에는 사울이 하나님의 불꽃시대를 열어갈 적합한 인물로 보였다. 그는 체격도 좋고 외모도 준수하였고, 자비, 용맹, 겸손을 갖춘 왕으로 보였기 때문이었다. 수많은 사람들의 기대를 받았으나, 그는 제대로 준비되지 못한 사람이었다. 그는 결국 무너져 버리고 말았다.

혼인잔치에 신랑이 오기를 기다렸던 열 명의 처녀가 있었다. 신랑을 위해 기름을 준비한 다섯 명의 신부를 성경은 지혜 있는 처녀라고 칭찬하였다. 그러나 기름을 준비하지 않은 다섯 명의 신부를 향하여 성경은 미련한 처녀라고 하였다. 늦은 시간에 신랑이 왔을 때 기름을 예비한 처녀들은 혼인 잔치에 들어갈 수 있었다. 그러나 기름을 준비하지 않은 다섯 처녀는 기다리고도 잔치에 참여하지 못하게 되었다.

게임체인저는 항상 두렵고 떨림으로 더욱 쓰임을 받도록 철저히 준비를 해야 한다. 철저히 자신을 단련하고 준비한 사람을 하나님께서는 게임체인저로 사용하신다. 그러므로 게임체인저들은 불꽃 시대를 열어 가기에 합당한 준비를 갖춰야만 한다.

🔑 세 번째 열쇠 다듬기

1) 하나님의 게임체인저는 의욕만으로 쓰임을 받지 않는다. 특정한 능력만 탁월하다고 해서 쓰임을 받는 것도 아니다. 하나님의 게임체인저는 균형 있는 준비를 갖출 때에 비로소 쓰임을 받게 된다.

2) 하나님의 게임체인저는 '하나님을 대하는 태도'인 신앙을 갖추어야 한다. 기도는 위기가 발생한 후 수습하는 방법이 아니라, 미리 충분히 준비되어야 한다. 찬양은 단순한 리듬이 아니라, 하나님의 영이 임하는 통로이다. 말씀은 단지 덕담이 아니라, 실제적 능력을 공급한다.

3) 하나님의 게임체인저는 '사람을 대하는 태도'인 인격을 갖추어야 한다. 같은 믿음의 고백을 하는 믿음의 동역자들이 서로를 빛나게 한다. 동일한 믿음의 배우자는 정서적 안정감을 얻고, 언약의 공동체를 이루게 한다. 훌륭한 멘토는 게임체인저들에게 동기를 부여해 주며 하나님의 꿈을 완성하게 한다.

4) 하나님의 게임체인저는 '문제를 대하는 태도'인 실력을 갖추어야 한다. 하나님의 게임체인저는 그의 사명을 완수할 충분한 실력을 갖춘다. 진정한 실력은 결국 문제 해결 능력이다. 준비해야 할 시기에 잘 준비하면, 하나님께서는 마음껏 사용하신다.

<내가 대답해야 하는 질문>

* 기도, 찬양, 말씀을 나는 어떻게 업그레이드 할 것인가?

_____

_____

* 지금 나의 삶에 큰 영향을 주는 친구와 스승은 누구이며, 어떤 교훈을 얻는가?

_____

_____

* 내가 배우자를 결정할 때에 가장 중요하게 여기는 요소는 무엇인가?

_____

_____

* 하나님께서 주신 비전을 이루기 위하여
나는 무엇을 더욱 준비할 것인가? *

_____

_____

_____

네 번째 열쇠: 하나님의 졸업고사

하나님의 게임체인저는
자신의 시간이 아닌 하나님의 때에 쓰임 받는다.

하나님의 게임체인저는
자신이 쓰임 받을 자격이 있음을 입증해야 한다.

그 자격은 무엇을 달성하거나 성취하는 그것이 아니다.

하나님의 최종자격시험을 통과해야 하는데,
고난과 유혹이라는 관문이다.

하나님께서는 사용하실 사람을 위하여
특별한 졸업고사를 준비하신다.

하나님께서는 그 졸업시험을 통과한 이를
게임체인저로 사용하신다.

1. 고난: 하나님만 의지하는가?

내가 정말 알아야 할 모든 것은 군대에서 배웠다

"이 정도면 충분히 군 생활을 할 수 있겠어, 현역 3급!"

"네, 알겠습니다. 꼭 가고 싶습니다!"

신체검사를 하던 군의관이 한 청년의 엑스레이 사진을 들고서 판정하였다. 그러나 그 사진은 그 청년의 디스크 발병 초기이던 한참 예전의 사진이었다. 발병 초기의 사진과 현재의 악화된 사진 중에서 군의관은 초기의 사진을 보았다. 그때 그 사진은 예전 사진이라고 한마디만 했다면 면제를 받았을 것이다. 그러나 그 청년은 그 군의관의 말을 수긍하고 군대에 오게 되었다.

군 생활 초창기에는 허리의 불편함으로 인하여 군대에 적응하기조차 힘들었다. 그러나 그는 주어진 자리에서 성실히 생활하면서 점차 주변의 인정을 받게 되었다. 그리고 군 생활을 마치고 전역을 하게 되었다.

전역을 앞둔 마지막 주일 예배 후 송별회를 하면서 그는 이렇게 간증을 하였다.

"남들은 군 생활을 소모하는 시간으로 생각합니다. 하지만 저는 군 생활을 통해서 세 가지를 얻었습니다. 첫째로, 저는 건강을 되찾았습니다. 입대할 때에는 허리디스크로 너무 힘들었지만, 규칙적인 생활로 건강을 되찾았습니다.

둘째로, 저는 1급 자격증을 얻었고, 직장을 얻었습니다. 중장비 수리하는 보직에 최선을 다하다가 1급 자격시험에 합격을 하였습니다. 말년 휴가 중에는 굴지의 중장비 회사에 취업까지 하게 되었습니다.

셋째로 저는 신앙을 다시 회복하였습니다. 군대 교회에 다시 출석하고 교회를 섬기게 되었습니다.

다른 이들은 군 생활을 자기 인생에 녹이 스는 시간으로 생각합니다. 하지만 저는 군대에서 건강과 직장과 신앙을 회복했습니다. 여러분들도, 군 생활이 의미 없는 시간이 아니라 많은 것을 얻는 시간이 되길 바랍니다."

그는 전역 후에 회사에서 열심히 직장생활을 하다가 중장비 회사를 차려 독립하였다. 많은 이들에게서 신용을 쌓았기에 그의 회사는 점차 성장하였다. 그는 교회에서는 주차 안내를 담당하며 교회 버스를 운전하는 사역으로 섬기고 있다. 그가 섬기는 교회 역사상 최연소 장립집사로서 하나님께서 주신 비전을 따라가고 있다.

72세이신 그의 아버지께서는 이따금씩 아들에게 전화를 걸어, 공부를 제대로 못 시켜 주어 미안하다고 하신다. 그때마다 그는 이렇게 답한다고 하였다. "아버지, 그런 말씀 마세요. 아무도 저를 도우지 않았기에 독립심이 생겼고, 자립심이 생겼습니다."

그는 나와 의형제를 맺은 정성득 집사이다. 그에게 있어서 고난은 결코 재앙이 아니었다. 그는 결코 만만치 않은 삶을 살았다. 그는 안락한 성장 과정에서는 얻을 수가 없는 자산을 가지게 되었다.

코로나 팬데믹 때문에 온라인으로 비대면 수련회를 할 때에 나는 그를 강사로 섭외했다. 자신이 겪은 삶의 과정들을 청소년들에게 전해 주도록 요청했다. 그는 청소년들에게 자기의 삶을 간증했다. 많은 청소년들에게, 자기 환경이 불리하다고 좌절하지 말고 강해지도록 요청했다.

다이아몬드와 석탄의 차이

다이아몬드와 석탄의 구성 원소는 같다. 바로 탄소이다. 탄소는 쉽게 불에 탈 수 있는 소재이다. 다이아몬드는 이러한 탄소가 엄청난 압력과 온도를 견디어 낼 때 완성된다.

다이아몬드가 만들어지기 위해 필요한 온도는 900도에서 1,300도 정도로 추정된다. 또한 다이아몬드가 되기에 필요한 압력은 45바bar에서 60바로 추정된다. 이는 대기압의 45,000배 내지 60,000배에 해당되는 엄청난 고압이다.

게다가 다이아몬드는 엄청나게 깊은 자리에서 형성된다. 다이아몬드가 생성되기 위한 최적의 지대를 안정지대라고 한다. 다이아몬드의 안정지대는 지하 140킬로미터에서 160킬로미터 지점에서 주로 형성된다.

이처럼 탄소가 엄청나게 깊은 지하에서 엄청난 온도와 압력을 견디어야 다이아몬드가 만들어진다. 이 시간을 견디지 못한 탄소는

숯이 된다. 물론, 숯도 일상에서는 정말 필요하다. 하지만 영롱한 다이아몬드가 되려면 그 힘겨운 과정을 이겨내어야 한다. 왕이 되려는 자는 왕관의 무게를 견뎌야 하는 것처럼, 하나님의 게임체인저는 그에 상응하는 대가를 지불해야 한다.

하나님께서 사용하신 게임체인저는 반드시 광야 학교를 통과하였다. 게임체인저들은 주변의 환경에 압도되지 않았다. 게임체인저들은 주변의 상황에 굴복하지 않았다. 그 비결은 게임체인저들 개인의 역량과 능력 때문이 아니다. 게임체인저들이 그 어떤 혹독한 고난도 돌파할 수 있었던 것은 하나님께만 집중하였기 때문이다.

서커스의 비밀

서커스에서 불타오르는 링을 사자와 호랑이가 통과하는 묘기가 있다. 이 묘기는 엄청난 감동을 준다. 털을 가진 포유류들은 본능적으로 불에 대한 공포감이 있다. 그래서 원래 사자와 호랑이는 불타오르는 링으로 다가갈 수 없다. 아무리 훈련을 시켜도 사자와 호랑이는 막상 불을 보면 뒷걸음친다. 그럼에도 사자와 호랑이가 불타오르는 링으로 달려가는 이유는 무엇인가?

많은 훈련을 받은 사자와 호랑이라도 일단은 멈칫거린다. 본능적으로 두려워하는 사자와 호랑이를 움직이게 하는 것은 먹이가 아니다. 채찍으로 때려서 강제적으로 가게 하는 것도 아니다.

그러한 상황에서 사자와 호랑이는 조련사를 쳐다본다. 그 순간 조련사는 사자와 호랑이와 눈을 마주치며 신뢰감을 준다. "날 믿어,

넌 할 수 있어!" 조련사의 그 눈빛 신호를 받은 사자와 호랑이는 본능을 거스른다. 불타오르는 링을 향하여 사자와 호랑이는 질주한다.

공포를 안고 가시는 예수님

하나님의 게임체인저들은 두려움이 없기에 고난을 이기는 것이 아니다. 하나님의 게임체인저들도 공포를 느낀다. 심지어 최고의 게임체인저인 예수님도 극도의 공포를 느끼셨다. 예수님께서는 혼자서 감당하기 힘들 만큼의 고통을 느끼셨다. "베드로와 세베대의 두 아들을 데리고 가실새 고민하고 슬퍼하사 이에 말씀하시되 내 마음이 매우 고민하여 죽게 되었으니 너희는 여기 머물러 나와 함께 깨어 있으라 하시고"마태복음26:37-38

예수님께서 느끼신 이 고통은 예정된 십자가 때문이었다. "조금 나아가사 얼굴을 땅에 대시고 엎드려 기도하여 이르시되 내 아버지여 만일 할 만하시거든 이 잔을 내게서 지나가게 하옵소서 그러나 나의 원대로 마시옵고 아버지의 원대로 하옵소서 하시고"마태복음26:39

예수님께서는 하나님의 구원 섭리를 완성하시는 최고의 게임체인저이셨다. 예수님께서는 십자가에서 죽으시는 그 역사를 완성하러 오셨음을 잘 알고 계셨다. "지금 내 마음이 괴로우니 무슨 말을 하리요 아버지여 나를 구원하여 이 때를 면하게 하여 주옵소서 그러나 내가 이를 위하여 이 때에 왔나이다"요한복음12:6

그러나 예수님께서는 그 공포 가운데 머물러 있지 않으셨다. 예수님께서는 그 공포를 끌어안고서 십자가에서 구원 역사를 완성하셨다. "예수께서 신 포도주를 받으신 후에 이르시되 다 이루었다 하시고"요한복음19:30

하나님의 게임체인저들은 자기의 삶을 변화시키려고만 하지 않는다. 자기 삶의 불편한 환경을 개선하는 것이 게임체인저의 목적이 아니다. 타락한 인류의 오랜 목표를 달성하는 것이 게임체인저의 목표가 아니다. 하나님을 온전히 예배하고 난 이후에도 우리를 주눅 들게 하는 일들은 있다. 하나님 말씀대로 철저히 순종하려고 해도 우리를 절망시키는 일들도 있다. 그 두려운 일들을 극복할 힘은, 우리의 다짐도, 결심도 아니다.

우리를 절망하게 하는 상황들을 극복할 방법은 주님의 눈을 바라보는 것이다. 모든 것들을 알고 계시는 주님의 눈을 통해 말씀을 볼 수가 있다. 그 말씀이 내 안에 확신이 되어 설 때, 우리들은 내 앞의 불 속으로 뛰어들 수 있다. 나로서는 할 수가 없지만 하나님께서는 얼마든지 하실 수 있다.

(1) 고난의 재해석

사람들은 다가올 고난을 마주치지 않으려고 한다. 고난 속에서 허덕이는 사람들은, 현재의 고난에서 탈출하려고 한다. 사람들이 만나고 싶지 않고 얼른 탈피하려고 하는 것이 고난이다. 하지만 고난

에 부정적인 의미들만 있는 것은 아니다. 고난 속에 스며들어 있는
의미는 어떤 것들이 있을까?

고난은 궤도 수정

허블 우주 망원경Hubble Space Telescope, HST은 인류가 우주를 관측
하는 데 탁월한 공을 세웠다. 지구에서 관측하면 흐린 날씨에는 우
주를 관측하기 어려웠다. 더군다나 지상의 조명이 밝아질수록 관측
이 방해를 받고는 했다.

이 문제를 해결하기 위하여 우주에서 관측하는 망원경이 허블
망원경이다. 1990년 4월 24일에 우주 궤도로 발사된 허블 망원경
은 엄청난 사진들을 보내 왔다. 덕분에 지구에서는 결코 얻을 수 없
는 놀라운 사진을 확보할 수 있었다.

허블 망원경은 15년의 수명으로 설계되었지만, 수리를 하여 30
년째 사용되고 있다. 이 노후된 허블 망원경을 대체할 제임스 웹 우
주 망원경James Webb Space Telescope, JWST이 2021년 12월 25일에 발사
되었다.

제임스 웹 망원경은 우주의 신비를 풀어 줄 게임체인저로 불린
다. 일단 허블 망원경보다 성능이 월등하다. 그리고 제임스 웹 망원
경이 위치할 궤도는 지구에서 최대 150만 킬로미터 정도 떨어진 곳
이다. 허블 망원경보다 훨씬 먼 거리에서 먼 우주에 대한 새로운 정
보들을 많이 전해 줄 것으로 기대되고 있다.

제작비 12조 원, 제작기간 25년의 제임스 웹 망원경은 한 달을 여

행하여 도착점에 안착했다. 이 목표 지점으로 가기까지 세밀한 궤도 수정이 필요하였다. 이러한 여정에는 엄청난 에너지가 소모된다.

하나님의 게임체인저들도 그들이 활약해야 할 자리로 가야 한다. 그 과정에서는 정말 엄청난 에너지가 필요하다. 그 과정은 길고 지루하며 고되지만, 목적을 달성하기 위하여 반드시 필요하다. 때로는 인생의 고난들을 거치면서 점차 자리해야 할 곳으로 안내된다.

원래대로라면 요셉은 결코 애굽의 총리가 될 수 없었다. 애굽 사람들은 외국인을 특별히 싫어하였으며, 이스라엘의 주요 산업인 목축업을 천하다 여겼다. 요셉은 이집트인들에게는 외국인이었으며, 목동 출신이었고, 애굽에 들어갈 때는 노예였다. 그러므로 정상적인 방법으로는 요셉이 애굽에서는 관직에 나설 수가 없었다. 하나님께서는 사람들이 예측할 수 없는 특별한 방법으로 요셉의 생애를 바꾸셨다. 게임체인저는 이처럼 심각한 고난을 통하여 하나님께서 예비하신 다른 궤도로 옮겨 간다.

고난은 하나님의 특별 강화 훈련

새가 태어날 때는 알껍데기를 깨고 나와야 한다. 외부의 도움을 받지 않고 깨어난 병아리는 대체로 튼튼하게 자라난다. 스스로 알을 깨고 나오느라 애쓰면서 바깥 환경을 견딜 강한 면역력이 생기기 때문이다. 그러나 다른 이의 도움을 받아 나오면, 그 새는 면역력을 잃어버리고 쉽게 죽게 된다고 한다.

특수부대원과 일반 병사의 훈련은 전혀 다르다. 특수부대원은 목숨을 걸어야 하는 심각한 훈련을 한다. 일반 병사들도 훈련을 받지만, 특수부대원들과는 비교할 수 없다. 특수부대원들이 혹독한 훈련을 받는 이유는 특별한 임무를 받기 때문이다. 전쟁의 승패가 달린 결정적인 작전에 투입되기 위해 특별 강화 훈련을 받는 것이다.

그리스도인의 고난은 하나님의 특별 강화 훈련이다. 이를 통과하면 강력한 능력을 소유하게 된다. 남다른 고난을 겪는 것은 재앙이 아니라 남다른 축복을 주시려고 준비시키시는 과정이다. 내가 남보다 많은 고난을 받는 것은 하나님께서 나를 특별히 사용하시려는 것이다. 강한 불로 제련된 쇠가 더욱 강한 칼로 거듭날 수 있기 때문이다.

욥은 모든 재산과 가족과 건강까지 잃는 심각한 고난을 만났을 때 분명하게 고백을 하였다. "나의 가는 길을 오직 그가 아시나니 그가 나를 단련하신 후에는 내가 정금 같이 나오리라"욥기23:10 요셉은 아버지의 전폭적인 사랑을 받으며 응석받이로 살 수도 있었다. 그러나 청소년기에 혹독한 고난과 시련들을 겪으면서 강인하게 자랄 수 있었다. 가장 밑바닥에서의 생활들을 지나오면서 강인한 게임체인저로 변모할 수 있었다.

그러므로 게임체인저는 고난을 겪는다고 해서 좌절하거나 낙망하지 않는다. 고난의 과정을 지나 게임체인저는 더욱 강력한 하나님의 열쇠로 쓰임을 받게 된다.

고난은 삶의 힌트

"오늘도 학원비 안 가져 왔어? 도대체 양심이라는 거 좀 가져 봐라. 내일은 학원비 못 가져오면 학원에 들어올 생각도 하지 마!"

어려서부터 만화가를 꿈꾸어 온 소녀는 미술학원을 계속 다니고 싶었지만 학원비를 내지 못하게 되었다. 학원에서 이제 나오지 말라고 통보했다. 그녀가 중학교 2학년이던 해 집안이 보증을 잘못 서는 바람에 학교에 가는 것조차 부담이 될 만큼 가정 형편이 어려워졌다. 결국 한 번도 등록금을 내지 못하였기에 학교를 중퇴하고 시골로 가게 되었다. 이러한 고통은 사춘기 소녀로서는 감당하기 힘든 서러움을 주었다.

그래도 공부를 포기하지 않고 산업체 학교에 갔지만, 너무도 혹독한 환경으로 학업을 중단해야 했다. 결국 검정고시를 통하여 중학교 졸업 자격을 얻고 고등학교에 진학하였다. 고등학교를 졸업하고 대학의 응용미술학과로 진학을 하는 과정에서도 큰 어려움을 겪어야 했다.

힘겨운 대학생활을 수많은 곡절 끝에 마감하고 상경하여 신인작가 등단에 도전하였다. 홀로 생활하며 미술 작업을 하기 위하여 안 해 본 일이 없을 만큼 혹독한 날들을 보내었다. 그러한 노력에도 불구하고 수없는 좌절의 고통을 겪어야 했다.

그녀는 여고 시절의 에피소드를 바탕으로 만든 작품을 공모전에 출품하여 신인 작가로 등단할 수 있었다. 가장 힘들었던 그 시절을 소재로 한 만화가 대상을 받았다. 그때의 심사위원장이 만화 <아기 공룡 둘리>로 유명한 김수정 작가였다. 김수정 작가는 그 작품을 보고 이렇게 논평을 하였다. "요즘 작품들이 일본풍의 만화를 표절하다시피 합니다. 많은 작가들이 신체 비례를 왜곡되게 그리기도 합니다. 그런데 이 신인작가는 정말 독창적인 스토리에 아주 디테일합니다. 이 작가는 앞으로 대형작가의 길을 걸으리라 확신합니다."

그 작가에게 청소년 시절은 생각하기조차 하기 싫은 암흑시대였다. 큰 아픔으로 치러 낸 그 날들이 오늘날 만화 작가로 대성할 수 있는 배경이 되었다. 그는 나의 첫 책『불꽃시대를 여는 불꽃세대』의 삽화를 그려 준 나의 여동생인 김지은 작가이다.

지금은 천국에서 아름다운 그림을 그리고 있을 것이다. 그녀는 혹독한 사춘기의 시절이 만화가의 꿈을 이룬 자양분이었다고 고백하였다. 생각조차 하기 싫은 혹독한 시절이 인생을 획기적으로 반전시키는 놀라운 기회가 되었다.

극심한 고난 속에서 내 삶의 전환점이 될 요소를 발견할 수 있어야 한다. 맘속에 불평이 가득하면 그 눈이 닫혀 버려서 전환점을 찾을 수가 없다. 고난의 자리에서 반전의 기회를 주시는 하나님을 인식할 때에, 하나님께서 그 삶의 힌트를 알게 하신다.

(2) 고난의 사막을 지나는 법

수학문제를 풀어 가기 위해서는 적절한 공식을 대입해야 한다. 문제들을 정확하게 이해하고, 적합한 공식을 대입하면 해답을 얻을 수 있다. 요셉이 숱한 고난들을 극복한 것은 올바른 공식을 대입하였기 때문이다. 그 공식은, 모든 일의 결국은 하나님께 달렸다는 명제이다.

요셉은 모든 일의 성공이 하나님께 달렸음을 믿었다. 그가 만난 모든 문제를 하나님의 시각으로 해석하니 고난을 인내할 수 있었다. 고난의 문제들을 하나님의 시각으로 바라보면서 얼마든지 해답을 찾을 수 있었다.

요셉은 모든 문제를 자기 시각에서 해석하지 않고, 하나님의 시각에서 해석하였다. 요셉이 애굽의 총리가 된 후 굶주린 형들이 아무것도 모른 채 요셉에게 와서 자기들을 선대해 달라고 한다. 요셉은 참다못해 자신의 정체를 밝히고, 당황한 형들에게 그러한 신앙을 고백한다. "당신들이 나를 이 곳에 팔았다고 해서 근심하지 마소서 한탄하지 마소서 하나님이 생명을 구원하시려고 나를 당신들보다 먼저 보내셨나이다"창세기45:5

요셉은 자신의 고난은 형들이 팔았기 때문이 아니라, 하나님께서 먼저 보내신 것이라고 증언하였다. 형들의 악행마저도 하나님의 목적을 이루시는 데 사용하셨다고 증언한다. "하나님이 큰 구원으로 당신들의 생명을 보존하고 당신들의 후손을 세상에 두시려고 나를 당신들보다 먼저 보내셨나니 그런즉 나를 이리로 보낸 이는 당신들이 아니요 하나님이시라 하나님이 나를 바로에게 아버지로 삼으시고 그 온 집의 주로 삼으시며 애굽 온 땅의 통치자로 삼으셨나이다"

창세기45:6-7

요셉이 겪었던 인생의 벼랑길은 애굽의 총리로 되어 가는 과정이었다. 특히 요셉이 감옥에 갇히는 것은 정말 참기 힘든 고통이었다. 하지만 그 지하 감옥 한쪽에 애굽의 파라오에게로 가는 문이 있었다. 요셉은 반복적으로 고난을 겪었지만 그때마다 하나님을 신뢰하였다. 하나님을 신뢰하고 인내하니 마침내 하나님의 깊은 의도를 알게 되었다. 마침내 그 모든 고난들이 해석이 되었다. 해석된 고난은 더 이상 고난이 아니다.

이러한 올바른 해석을 하나님께서는 기뻐하시고 요셉을 게임체인저로 사용하셨다. 전 세계적인 기근 동안에 하나님께서 요셉을 이스라엘과 온 이방 나라들을 굶주림에서 구할 게임체인저로 사용하셨다. 7년 풍년의 시기에 7년 기근을 대비하여 곡식을 비축해야 했다. 그러나 자칫 풍년 기간에 애굽 사람들에게서 큰 도덕적 해이가 일어나 흥청망청 낭비해 버릴 수 있었다. 이럴 때 곡식을 비축하려면 고도의 지식이 필요하다. 요셉이 이 어려운 일을 해결해 내는 게임체인저였다.

7년 동안의 흉년이 시작되자 풍년 기간에 비축한 곡식을 사람들에게 골고루 배급하기 위한 정교한 정책이 필요했다. 흉년의 위기에 사람들이 공포에 사로잡혀 사회가 무질서해질 수 있었다. 이 어려운 문제를 해결할 게임체인저도 요셉이었다. 요셉은 모두가 적절한 대가를 지불하고 곡식을 공평하게 배급받게 했다. 덕분에 애굽 사람들이 질서를 지키면서 흉년이라는 절체절명의 위기를 극복할 수 있었다.

(3) 요셉이 돌파한 고난의 사막

하나님께서 사용하실 게임체인저는 하나님의 졸업고사를 통과해야 한다. 수많은 이들이 자신들이 만난 고난을 견디지 못하고 함몰되고 만다. 단 하나의 고비만 이기면 되는데 그만 무너져 버리기도 한다.

밤하늘의 별들이 무수해도 전문가들이 보면 별자리가 선명하게 보인다. 일반인들이 바라보면 그냥 어지러운 별무리들로 보이지만, 전문가들에게는 별의 길이 보인다. 망망한 하늘에서도 비행기를 운행하는 파일럿에게는 비행기의 갈 길이 보인다. 드넓은 바다에서도 선박을 책임지는 선장과 항해사들은 해로를 볼 수 있다.

그와 같이 하나님의 게임체인저는 일반인들과는 다른 시각을 가지고 바라본다. 게임체인저는 고난을 세상의 기준이 아니라 하나님의 시선으로 바라본다. 하나님의 시선으로 바라보면, 도저히 납득이 안 되는 고난의 의미를 깨닫게 된다. 하나님의 시선으로 해석하면 모든 것들은 하나님께서 준비하신 실마리들임을 알게 된다. 게임체인저는 그러한 실마리들을 붙들고 놀라운 축복의 삶을 만들어 간다.

때로는 그 고난의 의미를 제대로 해석할 수 없을 때가 있다. 하지만 하나님의 게임체인저는 납득이 안 되는 상황에서도 주님만 바라본다. 그렇게 게임체인저는 고난의 사막을 지나간다. 고난의 조각들이 모여서 이루어지는 하나님의 작품이 완성된다.

파도는 지속적으로 밀려온다. 요셉이 자라면서 만난 고난들은 마치 파도와 같았다. 하나의 고난을 만나서 휘청거렸지만, 요셉은 적응해 낸다. 적응한 지 얼마 되지 않아서 또 다른 고난을 만난다. 새롭게 밀어닥친 고난을 잘 수습을 할 즈음엔 또 다른 고난이 습격한다. 각기 다른 형태의 고난들이 도미노처럼 밀려왔지만, 요셉은 흔들리지 않았다. 하나님의 게임체인저는 파도처럼 지속적으로 쏟아지는 고난들에도 견고히 승리한다.

머리 검은 짐승은 키우지 말라—사람들로 인한 고난

밤길을 걸을 때 가장 두려운 것은 짐승이 아니라 사람을 만날 때라고 한다. 머리 검은 짐승은 키우지 말라는 격언이 있다. 짐승들도 받은 은혜를 기억하지만, 사람은 받은 은혜를 외면할 수 있음을 경고하는 것이다. 고난 중에 가장 뼈아픈 고난은 사람 때문에 겪는 고난이다. 요셉은 주변의 사람들 때문에 수많은 고난을 겪어야 했다.

요셉은 형들이 그를 미워하여 죽이려 하였으며, 형들은 결국 그를 노예상에게 팔았다. 요셉은 감옥에서 만난 술 맡은 관원이 꾼 이상한 꿈을 해석해 주었다. 그때 요셉은 그가 복직이 될 거라고 하면서, 그때가 되면 자기를 기억해 달라고 했다. 요셉이 해몽한 것처럼 술 맡은 관원은 석방되었지만, 요셉과 한 약속을 지키지 않았다. 그는 자신을 도와준 요셉을 2년이나 잊었다.

요셉은 계속하여 사람들에게 배반당하고, 버림받고, 실망했다. 내가 최선을 다하여 섬긴 사람이 자기를 믿어 주지 않을 때면 얼마나 고통스러운가? 내가 헌신적으로 섬긴 사람이 나를 잊어버리면 얼마나 아픈가? 요셉은 사람들에 대한 실망을 거듭해서 겪어야 했다.

모든 날은 의미가 있다—기약 없는 기다림의 고난

하나님의 비전을 받을 때 요셉은 17세였다. 하나님의 인도하심으로 그 비전이 이뤄질 때 그는 30세였다. 하나님께서는 요셉에게 비전을 주시면서 언제 이루시리라 약속하지는 않으셨다. 최소한 13년의 시간은 걸린다고 말씀하지 않으셨다.

고3의 시간이 힘들지만, 그래도 참을 수 있는 것은 끝이 있기 때문이다. 고된 수험생활이 아무리 힘들어도 수능시험을 치르면서 종결된다. 군 생활이 견디기 힘들어도 인내할 수 있는 것은 끝이 있기 때문이다. 군인들은 군대에서의 답답한 생활 속에서도 제대하는 날을 바라면서 견딘다. 끝나는 시간을 바라보면 힘겨운 시간들을 이겨낼 수 있다.

하지만 요셉은 그 기다림의 끝을 알 수가 없었다. 요셉은 사람들이 겪을 수 있는 모든 종류의 고난들을 겪었다. 설령 요셉이 스스로 삶을 포기한다고 해도 공감이 가는 상황이다.

끝 모를 고난의 늪 속에서도 요셉은 결코 흔들리지 않았다. 그 어떤 고난 속에서도 요셉은 하나님께 시선을 고정하였기 때문이다. 언제까지 이 고난이 지속될지, 어떻게 이 고난이 풀릴지를 요셉은 몰랐다. 하지만 요셉은 그런 가운데서 하나님께서 일하실 것을 확신하였다. "당신들이 나를 이곳에 팔았다고 해서 근심하지 마소서 한탄하지 마소서 하나님이 생명을 구원하시려고 나를 당신들보다 먼저 보내셨나이다"창세기45:5

요셉은 자기가 원하는 시간을 고집하지 않았다. 자기가 바라는 방식을 요구하지 않았다. 자기가 바라는 시기와 방법대로 하나님께서 일하시기를 기대하지 않았다. 요셉은 하나님의 게임체인저로서 하나님의 때와 일하심을 확신했다.

언제 하나님께서 일하실까? 하나님의 시간 안에 달려 있다. 어떻게 하나님께서 일하실까? 하나님의 방법대로 하실 것이다. 하나님의 게임체인저는 이 진리를 견고히 붙들며 뚜벅뚜벅 나아갈 뿐이다. 이러한 고난의 과정을 지나간 이들을 하나님께서는 사용하신다. 어두운 흑암의 시대를 밝히며 불꽃시대를 열어가는 게임체인저의 직분을 맡기신다.

2. 유혹: 하나님만 바라보는가?

유혹의 늪을 지나서

유혹은 세상의 다른 것들이 아닌 하나님만을 사랑하는가를 측정하는 시험대가 된다. 세상에 있는 것들은 어떤 것이든 아무리 멋지게 보여도 결국은 사라질 것이다. 사람들이 추구하는 욕망은 결국은 사라져 버릴 세상에 속한 것이다. "이는 세상에 있는 모든 것이 육신의 정욕과 안목의 정욕과 이생의 자랑이니 다 아버지께로부터 온 것이 아니요 세상으로부터 온 것이라" 요한1서2:16

하나님의 게임체인저들은 이러한 세상의 것을 탐내지 않는다. 이는 물질적인 요소에 대해서만이 아니라, 사람에 대해서도 마찬가지이다. 하나님께서는 하나님의 게임체인저들을 가장 중요한 존재로 여기신다. 하나님의 아들 예수 그리스도를 주시기까지 첫 번째로 사랑하신다. 그와 같이 하나님의 게임체인저들도 하나님을 첫 번째로 사랑하기를 원하신다. 하나님께서는 하나님의 게임체인저들에게 그러한 고백을 원하신다.

예수님께서는 부활하신 예수님을 만난 후에도 고기를 잡으러 간 제자들에게 다시 사명을 주신다. 예수님께서는 사명을 명하시기 이전에 베드로로 하여금 자기의 입술로 고백하게 하셨다. "그들이 조반 먹은 후에 예수께서 시몬 베드로에게 이르시되 요한의 아들 시몬아 네가 이 사람들보다 나를 더 사랑하느냐 하시니 이르되 주님 그러하나이다 내가 주님을 사랑하는 줄 주님께서 아시나이다 이르

시되 내 어린 양을 먹이라 하시고"요한복음21:5

(1) 물질의 유혹―황금의 노예가 되다

2021년 전 세계적으로 강력한 흥행을 일으킨 넷플릭스 드라마 <오징어 게임>에 많은 사람들이 열광하였다. <오징어 게임> 열풍은 누구라도 일확천금을 얻을 수 있다는 게임의 전제 때문일 수 있다. 로또에 당첨되든 다른 방법으로든 일확천금을 얻는 것은 쉬운 일이 아니다. 특히 이러한 데스게임Death game 장르의 영화에서는 어렵고 힘든 과정을 통과해야만 승부에서 이길 수 있다.

그런데 '오징어 게임'에서 우승하기 위해서 통과해야 하는 과정은 뜻밖에도 어려운 것이 아니다. 어린 시절에 흔히 경험했던 놀이를 하고 큰 상금을 받을 수 있다는 설정이 흥미롭다. '무궁화 꽃이 피었습니다', '달고나', '줄다리기', '구슬치기', '징검다리', '오징어 게임' 같은 놀이들은 특별한 기술이나 작전이 요구되지 않는다. 누구라도 이길 수 있는 확률이 있다.

이 드라마에서는 중간에 참가자들의 투표로 게임이 중단된다. 하지만 그 이후에 참가자들이 자발적으로 참여하여 다시 죽음의 게임이 계속된다. 힘겨운 현실에서 죽는 것이나, 데스게임 속에서 죽는 것이나 같다는 판단 때문이었다.

영화 <기생충>에서는 "돈이 다리미야, 주름을 펴주니깐"라는 대사가 나온다. 무엇보다 돈이 위로가 되며 문제 해결을 위한 열쇠라는 세속적인 생각을 대변해 준다.

창세기를 보면 롯의 아내는 멸망당하는 소돔과 고모라에 남겨 놓은 재산들에 대한 미련을 끊지 못하였다. 결국 그녀는 뒤를 돌아 보았고, 소금기둥이 되고 말았다. 훗날 출애굽 1세대는 애굽에서 누리던 문화의 유혹을 이기지 못했다. 그들은 결국 젖과 꿀이 흐르는 땅으로 들어가는 데 실패했다.

바울을 도와 복음 사역에 힘쓰던 데마도 결국은 세상을 더 사랑하였다. 그래서 복음과 바울을 떠나 유흥이 있는 대도시 데살로니가로 향하고 말았다. 데마는 사도 바울의 제자이자 선교사역의 동역자였다. 그의 이름은 골로새서4:14와 빌레몬서1:24에 기록되어 있다. 골로새서와 빌레몬서는 사도 바울이 감옥에서 기록한 옥중서신이다. 이 말은 데마는 바울이 투옥된 이후에도 여전히 복음에 헌신했다는 의미이다.

감옥 속에서 바울은 데마가 자신의 동역자인 것이 얼마나 든든했을까? 하지만 데마는 결국 바울과 복음을 버린다. 그 이유가 "이 세상을 사랑하여"라고 바울은 밝힌다.

강한 적들로 말미암아 겪는 감당하기 힘든 고난을 이길 때 큰 기쁨을 얻는다. 그런데 죄악의 환경에서 끊임없이 달려드는 유혹을 거절하고 이길 때에는 더욱 강력한 기쁨을 얻는다. 이전과는 비교 못할 놀라운 기쁨을 얻는다. 죄악의 유혹을 담대히 물리치는 사람은 그 인생이 하나님께서 연주하시는 위대한 기적의 교향곡이 된다.

하지만 돈은 결코 인생의 해답이 아니다. 지상에서 가장 부요하였던 솔로몬은 엄청난 부귀를 한 손에 쥐었다. 그러나 솔로몬은 그러한 재물도 결국에는 헛된 것이라고 고백한다. "전도자가 이르되 헛되고 헛되며 헛되고 헛되니 모든 것이 헛되도다"전도서1:2

넓은 땅을 소유한 부자가 있었다. 그는 많은 노력을 기울인 결과 그 땅에서 많은 수확을 얻었다. 수확한 것을 들일 창고가 모자랄 만큼 엄청난 성공을 거두었다. 부자는 이를 만족하게 여기며 행복한 미래를 꿈꾸었다. 하지만 바로 그때 그의 영혼을 하나님께서 데려가시면 그 모든 재산들은 아무런 의미도 없어진다. "하나님은 이르시되 어리석은 자여 오늘 밤에 네 영혼을 도로 찾으리니 그러면 네 준비한 것이 누구의 것이 되겠느냐 하셨으니"누가복음12:20

물질의 유혹을 이기는 법: 망해 가는 회사의 주식을 사지 말라

주식투자에서 가장 기초적인 교훈은 우량기업의 주식을 사는 것이다. 블루칩Blue chip, 우량주이라고 불리는 투자 선호도가 높은 회사에는 적극적으로 투자해야 한다. 그러나 겉으로는 그럴듯하지만 실적이 좋지 않은 회사는 피해야 한다. 거품이 빠지게 되면 심각한 타격을 입기 때문이다. 그리고 건강하지 못한 기업에서 승승장구하는 것 역시 바람직한 일이 아니다.

『하나님의 관점God's Eye View』이라는 책에서 토미 테니Tommy Tenney는 '망해 가는 회사의 주식을 사지 말라'고 충고한다. 저자가 말하는 망해 가는 회사는 곧 사탄을 가리킨다. 예수님의 십자가와 부활 이후에 사탄은 치명타를 입고 몰락해 가고 있다. 하나님이 아닌 세상의 것에 집중하는 것은 곧 망해 가는 회사에 투자하는 것이다. 하나님께서 계시지 않는 문화에 접속하는 것은 망해 가는 사탄의 주식을 매입하는 것이다.

사탄은 문화라는 이름으로 하나님을 대적하는 사상을 전파하려고 한다. 사탄의 홍보에 현혹되어 하나님의 부재에 열광하면 결국 스스로 무덤을 파는 것과 같다. 이는 결국 게임체인저 속에 존재하는 하나님의 불을 약화시키는 것이다. 하나님의 불이 강력하게 피어나는 것도 중요하지만 그 불이 지속적으로 타올라야 한다.

이를 위해서는 성령의 기름 부으심이 필요하다. 예수님께서 강력한 하나님의 불로 사역을 감당하신 것은 바로 이것 때문이었다. "하나님이 나사렛 예수에게 성령과 능력을 기름 붓듯 하셨으매 저가 두루 다니시며 착한 일을 행하시고 마귀에게 눌린 모든 자를 고치셨으니 이는 하나님이 함께 하셨음이라"사도행전10:38

예수님께서는 하나님과의 지속적인 관계를 통하여 성령의 능력을 계속 유지하셨다. 예수님께서는 습관을 좇아 하루가 시작되는 새벽이 밝을 때에 늘 먼저 기도하셨다. "새벽 오히려 미명에 예수께서 일어나 나가 한적한 곳으로 가사 거기서 기도하시더니"마가복음1:35 예수님께서는 분주한 사역 중에도 항상 하나님과 깊은 사귐의 거룩한 습관을 유지하셨다. "예수께서 나가사 습관을 좇아 감람산에 가시매"누가복음22:39

자신의 시간을 망해 가는 회사 투자하지는 않는지를 엄격하게 조사해야 한다. 일상의 생활에서 자신은 어디에 더욱 흥미를 기울이는가를 살펴보아야 한다. 하나님의 게임체인저는 하나님의 주식을 매입하는 사람이다.

(2) 욕망의 유혹—원초적 본능에 뒤덮이다

흑점이 삼킨 별빛

오리온자리 알파별 '베텔게우스'는 크기가 무려 태양 지름의 900배나 되는 초거성으로, 그 밝기는 태양의 10만 배를 넘는다. 지구에서 약 640광년 거리에 떨어진 비교적 가까운 별이다. 그런데 2019년 9월 무렵부터 '베텔게우스'의 밝기가 어두워지기 시작했다. 2020년 2월 무렵에는 평소의 75퍼센트 이하로 떨어졌다. 이는 이 별의 관측이 시작된 이래로 처음 나타나는 현상이었다.

2020년 3월부터는 밝기가 회복되기 시작했고, 5월에는 원래의 밝기를 회복했다. 유럽 남방 천문대ESO는 거대 망원경VLT의 특수 장치 '스피어SPHERE'로 촬영하면서 이러한 현상의 원인을 밝혀내었다. 그것은 이 항성의 표면 절반을 '흑점'이 뒤덮었기 때문이었다. 상대적으로 온도가 낮은 흑점이 표면을 덮으니 태양보다 10만 배나 밝던 별이 빛을 잃었다.

유혹이란 이러한 흑점과 같은 것이다. 유혹은 처음에 작게 시작될 때 허용하면 점점 커진다. 유혹이 점차 커지면 나중에는 통제가 불가능한 상황이 된다. 유혹이 하나님의 게임체인저들 속에 들어오면 점차 그를 뒤덮는다. 하나님께서 사용하실 게임체인저로 부름을 받아도, 결국은 실패하게 된다. 그러므로 하나님의 게임체인저는 유혹이 자기를 삼키지 않도록 경계해야 한다.

게임체인저, 삼손

삼손은 하나님께서 블레셋의 압제로부터 이스라엘을 구원하려고 보내신 게임체인저였다. 삼손은 사사기의 암흑시대를 새롭게 열어 가는 사명을 위하여 태어났다. 이러한 사역을 감당할 수 있도록 하나님께서는 수많은 능력을 주셨다.

삼손은 강력한 힘을 소유하였으며 아무도 그를 대적할 사람이 없었다. 맨손으로 사자를 죽였다. 중무장한 천 명의 적군을 당나귀 턱뼈로 격파하며, 점령한 성의 문짝을 메고 갈 정도였다.

삼손은 그 누구도 따라오지 못할 지혜도 가졌다. 아무도 풀 수 없는 수수께끼를 즉석에서 만들어 낼 정도였다. 또 삼손은 엄청난 순발력을 자랑하는 스피드를 가졌다. 하룻밤 사이에 여우 300마리를 잡았을 정도였다

삼손에게 주어진 또 하나의 축복은 경건한 믿음의 가정에서 자란 것이다. 삼손은 철저한 경건 훈련을 받으며 성장하였다. 하나님께서는 천사를 보내셔서 삼손의 부모님에게 삼손을 주시겠다고 하셨다. 삼손의 부모는 천사에게 이렇게 말했다. "마노아가 이르되 이제 당신의 말씀대로 되기를 원하나이다 이 아이를 어떻게 기르며

우리가 그에게 어떻게 행하리이까"사사기13:12

하나님께서는 삼손의 부모에게 말씀하신 나실인의 규례를 말씀하셨다. 삼손의 부모는 성실하게 그것을 지켰다.

태양이 가려질 때

삼손은 성경에 나타난 수많은 사람들 가운데 가장 완벽한 조건들을 가지고 태어났다. 삼손이라는 이름의 뜻은 '태양'이다. 하나님께서 블레셋으로부터 이스라엘을 건지시려고 삼손을 보내어 주셨다. 삼손은 어둠 속에 처한 민족의 유일하고 강력한 소망이었다. 삼손은 하나님의 불꽃시대를 열어갈 게임체인저로서 가장 이상적인 모습을 갖추고 있었다.

삼손은 20년 동안 이스라엘의 사사로 있었다사사기15:20. 그런데 삼손은 자신의 욕망을 다스리지 못한 결과 끔찍한 일들을 겪는다. 삼손은 블레셋 여인과 결혼하고자 하였다. 이는 이방인과의 혼인을 금하는 율법을 어기는 것이므로 삼손의 부모는 반대하였다. 그러나 삼손은 결혼을 밀어붙였고, 결국 이로써 결국 그 여인과 여인의 아버지가 살해당하는 엄청난 비극이 일어났다. 사사로 섬긴 지 20년을 넘길 무렵에는 블레셋 기생과 더불어 죄를 범하기도 했다.

또한 삼손은 얼마 후 블레셋의 들릴라에게 끌려 무너졌다. 들릴라는 블레셋 방백들로부터 보상을 약속받고는 삼손을 유혹하여 그의 힘의 근원을 캐물었다. 삼손은 세 번은 유혹을 이겨냈지만 결국 진실을 말하고 말았다. 그녀는 삼손이 잠든 동안에 머리카락을 베어버렸다. 힘을 잃은 삼손은 블레셋 사람들에게 두 눈이 뽑히고 노예가 되고 말았다.

하나님께서는 삼손에게 지도자에게 필요한 조건들을 다 허락하셨다. 삼손은 엄청난 가능성들을 가지고 있었지만 그 자신이 욕망을 주체하지 못하였다. 삼손은 단 한 번이 아니라 세 차례나 넘어졌고, 결국에는 완전히 무너지고 말았다.

삼손은 죽으면서 많은 블레셋인들을 죽여서 이스라엘을 압제하는 블레셋에 대한 하나님의 심판을 이루었다. 그러나 삼손이 받았던 은사들을 생각한다면 그것은 참으로 안타까운 죽음이 아닐 수 없다. 어떠한 재능을 가졌는가도 중요하지만, 그 재능이 제대로 발휘되어야 한다.

삼손은 하나님의 말씀이 통치하는 불꽃시대를 열어가기 위하여 허락하신 사람이었다. 이처럼 탁월한 조건의 삼손을 블레셋은 무력으로 결코 이기지 못하였다. 사로잡혀 가다가 밧줄을 끊고 땅에 버려져 있던 당나귀의 턱뼈를 주워 블레셋의 정예병 천 명을 격파할 정도였다. 강력한 힘을 가졌던 삼손에 이스라엘 백성들은 큰 기대감을 갖기에 충분했다. 어두운 사사시대를 마감하고, 눈부신 불꽃시대를 열어갈 충분한 조건을 갖추었다.

그렇지만 삼손은 무참하게 무너졌는데, 그것은 외부의 적 때문이 아니었다. 삼손은 외부의 적이라면 그 어떤 적이라도 맞서 이길 힘을 가졌다. 그러나 불행히도 삼손은 내부의 욕망에 무너지고 말았다. 하나님께서 주신 은혜들과 가정에서의 경건한 훈련도 삼손의 욕망을 제압하지 못하였다. 그 결과 삼손은 많은 재능을 가졌음에도 불구하고 눈부신 불꽃시대를 열 수 없었다.

내 젊은 날의 방종이 프랑스를 망친다

1789년 프랑스에서는 세계사의 흐름을 바꾸는 시민혁명이 발생하였다. 이 때문에 루이 16세는 쫓겨나고 엄청난 변화가 일어났다. 이러한 폭풍 같은 프랑스 혁명을 이끈 사람들 중에 미라보comte de Mirabeau가 있었다.

그는 프랑스 귀족출신이었지만 입헌 군주제를 옹호한 온건주의자로서 전제정치와 신분제도를 타파하는 데 앞장섰다. 그는 프랑스 혁명의 초기에 프랑스를 이끌었던 국민의회의 가장 위대한 인물로 꼽힌다. 프랑스 혁명이 가장 치열하던 시점에는 왕당파와 국민의회 사이에서 중재자의 역할들을 맡았다. 특히 그는 연설가로서 단연 독보적인 위치에 있었다. 그는 강렬한 이미지를 구성하는 표현력으로 청중을 단숨에 휘어잡았다. 그는 감동적인 어조로 연설하기도 했다.

프랑스 혁명의 와중에서 미라보는 권력을 차지할 절호의 기회를 잡았다. 그러나 프랑스 국민들은 미라보가 권력을 갖는 것에 격렬히 반대하는 항의를 했다. 그래서 미라보는 마침내 권력을 획득하는 데에 실패하였다. 프랑스 국민들이 미라보를 반대한 것은 그가 젊은 시절에 저지른 방종 때문이었다. 미라보의 지난날들의 행적은 너무도 무질서하고 문란했다. 미라보는 정치인으로서 많은 장점이 있었지만, 과거가 결정적으로 그의 발목을 잡고야 말았다.

미라보를 대신해서 정권을 잡은 사람이 로베스피에르Robespierre 였다. 로베스피에르는 반대자들을 단두대라는 사형 도구에서 가차 없이 제거하였다. 그가 권력을 유지하는 동안 2만여 명의 사람이 처형되었다.

그의 인생에서, 어쩌면 프랑스 역사에서 가장 중요했을 시점에 젊은 날의 방탕한 생활이 성공을 가로막았다. 결국은 프랑스의 운명을 결정적으로 바꾸는 결과로 끝났다. 이러한 역사의 현장에서 미라보는 이렇게 탄식을 하였다. "내 젊은 날의 방종이 프랑스의 미래를 망치는구나."

문화의 옷을 입고 찾아오는 공격

어느 시대에서든지 사탄은 악한 영향력을 언약의 자녀들에게 뻗쳐왔다. 노골적으로 혹은 아주 은밀하게 악한 영향력들을 하나님의 백성들에게 도전하여 왔다. 악한 영들은 게임체인저가 눈부신 비전 대신에 헛된 것에 열중하도록 한다.

하나님의 말씀과 비전보다는 세속에 물들어 가도록 유도하는 사탄의 공략은 오랜 역사를 거쳐 자행되어 왔다. 최근 이러한 시도들은 더욱 교묘하게 발전하여 영혼들을 사냥하고 있다. 게다가 현대에 이르러서는 문화라는 이름으로 반기독교적, 무신론적, 우상숭배적인 내용들을 버젓이 전파하고 있다. 또한 불건전하고 비윤리적인 내용들을 청소년들의 감성에 맞추어 건드리면서 청소년들의 정서를 심하게 왜곡시키고 있다. 이로 말미암아 하나님의 게임체인저가 심각한 오염으로 무너지고는 한다.

고난은 이겨내지만 유혹에는 굴복하는 경우들이 있다. 하나님의 게임체인저로 쓰임을 받았던 다윗은 고난에서 흔들리기는 해도 견디어 냈다. 그런데 고난이 다 지나고 평안하고 부요해졌을 때에 다윗은 휘청거린다. 왕이 되어 안정감을 찾고 전투에 나가지 않아도 되는 부유한 상태의 다윗은, 어려운 광야시절과는 다르게 자기의 욕망에 스스로 무너지고 말았다. 하나님의 은혜로 회개하였지만, 욕망의 위험성이 얼마나 막강한가를 보여 주었다.

정결함이 능력이다

하나님의 게임체인저는 자신을 철저히 지켜야 한다. 세속에 오염되지 않고 자기를 보호하여야 한다. 세상에 물들지 않고 자신을 정결하게 하도록 해야 한다. 이러한 도전들은 어제 오늘의 이야기는 아니다. 욕망을 자극하여 넘어뜨리려는 시도는 요셉에게도 마찬가지였다.

요셉이 보디발의 집에서 노예로의 삶을 시작했다. 그 당시의 노예는 인간적인 대우를 전혀 받지 못하였다. 노예는 위험한 일을 쉼 없이 해야 했으며, 수고에 대한 보상을 받을 수도 없었다. 수많은 노예들이 학대를 견디지 못하고 죽어 나갔다. 그럼에도 요셉은 그 모든 상황을 극복했다. 이러한 헌신으로 요셉은 마침내 가정총무라는 지위를 얻어 여유를 가지게 되었다.

요셉의 고된 시절이 지나자, 이와는 비교가 안 되는 위험한 유혹이 요셉을 찾아왔다. 요셉은 보디발의 부인으로부터 집요한 불륜의 유혹을 받았다. 이 유혹을 이기는 것은 고난보다 더욱 힘들었다. 당시에 남자 노예는 여주인의 요청을 거절하기 어려웠다. 노예를 소유한 여주인의 명령을 거절하면 노예는 목숨을 보장할 수 없었다. 여주인의 요구에 응하면서 좀 더 편한 삶을 살던 노예들도 있었다. 심지어는 여주인의 눈에 들기 위하여 애쓰기도 했다. 당시 요셉은 혈기가 왕성한 청년이어서 성적 욕망에 쉽게 굴복할 수도 있었다.

　　그럼에도 불구하고 요셉은 그 유혹을 단호하게 거절하였다. 보디발의 아내를 거절하면서 결국 요셉은 감옥에 갇히게 된다. 하지만 요셉은 이를 후회하지도 않는다. 육체의 욕망에게 승리한 요셉은 게임체인저로서 놀라운 불꽃시대를 열어갔다.

　　세상에는 여러 종류의 그릇들이 있다. 하나님께서 사용하시는 그릇은 크고 비싼 그릇이 아니라 깨끗한 그릇이다. "큰 집에는 금그릇과 은그릇뿐 아니라 나무 그릇과 질그릇도 있어 귀하게 쓰는 것도 있고 천하게 쓰는 것도 있나니 그러므로 누구든지 이런 것에서 '자기를 깨끗하게 하면 귀히 쓰는 그릇이 되어' 거룩하고 주인의 쓰심에 합당하며 모든 선한 일에 준비함이 되리라"디모데후서2:20-21

　　세상이 인정하는 능력은 돈, 명예, 권력이다. 그러나 하나님께서 원하시는 능력은 정결함이다.

(3) 권력의 유혹—I am the KING of the World

올라갈수록 추락은 아프다

사울은 이스라엘 왕국 최초의 왕으로 즉위하여 하나님께서 주신 권력을 받았다. 사울은 왕으로서는 가장 이상적인 조건들을 갖추고 있는 듯 보였다. 그는 백성들을 위해 용맹하게 싸웠다. 그는 왕이 된 후에도 겸비하게 살았다. 반대자들을 용서하며 자기를 스스로 작게 여겼다. 그때에 하나님께서는 사울을 사용하셨다.

하지만 사울이 권력에 익숙해지면서 점차 변질되기 시작하였다. 사울은 자기의 권력으로 자기의 이름을 높이는 기념비를 세웠다. 자신의 권력을 강화시키려고 힘 있는 장수를 보면 자기의 신하로 삼았다. "사울이 사는 날 동안에 블레셋 사람과 큰 싸움이 있었으므로 사울이 힘 센 사람이나 용감한 사람을 보면 그들을 불러모았더라" 사무엘상14:52

마침내는 하나님께서 왕으로 택하신 다윗을 경쟁자로 의식하고 죽이려고 하였다. 백성을 보호하고 섬기도록 주신 권력을, 백성을 죽이는 일에 쏟아부었다. 결국 권력의 노예로 전락한 사울은 비참한 최후를 맞게 되었다.

감옥에서 요셉은 성실함을 인정받아 감옥의 상황을 관장하는 권한을 가졌다. 요셉은 그 권한을 자기의 안락함을 위하여 행사하지 않았다. 요셉은 수심이 가득한 동료 죄수들을 돕고 섬기려고 하였다. 노예 생활에서 인정을 받은 요셉은 그가 속한 집을 관리하는 권한을 얻었다. 다른 노예들은 자기 지위를 개인의 편리에 사용했지만, 요셉은 섬김에 사용했다. 이처럼 요셉은 자기에게 주어진 권력을 통제가 아니라, 섬김의 도구로 사용했다.

하나님께서는 권한을 올바르게 사용하는 요셉에게 세계 최고의 권력을 허락하셨다. 요셉은 세계 최고의 권력을 자기의 야욕을 채우는 일에 사용하지 않았다. 세상을 실질적으로 통치하는 권력을 가지고, 요셉은 백성들을 섬기는 데 사용하였다. 요셉은 자기에게 부여된 권력을 칠 년 간의 흉년을 극복하는 일에 사용하였다. 하나님의 마음에 맞게 권력을 행사할 때에, 하나님께서는 그 권력을 무려 80년간 사용하게 하셨다.

빗물은 낮은 곳에 모인다

권력의 유혹을 이기는 비법은 낮은 자리로 가는 것이다. 빗물이 낮은 곳에 고이듯이, 하나님께서는 자기를 낮추는 이에게 은혜를 부어 주신다. 예수님께서 이러한 모범을 보여 주셨다. "그는 근본 하나님의 본체시나 하나님과 동등됨을 취할 것으로 여기지 아니하시고 오히려 자기를 비워 종의 형체를 가지사 사람들과 같이 되셨고 사람의 모양으로 나타나사 자기를 낮추시고 죽기까지 복종하셨으니 곧 십자가에 죽으심이라"빌립보서2:6-8

하나님께서는 스스로를 낮추신 예수님을 세상 누구보다 높여 주셨다. "하늘에 있는 자들과 땅에 있는 자들과 땅 아래에 있는 자들로 모든 무릎을 예수의 이름에 꿇게 하시고 모든 입으로 예수 그리스도를 주라 시인하여 하나님 아버지께 영광을 돌리게 하셨느니라"

빌립보서 2:10-11

다윗은 양떼를 맡은 작은 권력을 받았을 때 최선을 다하여 양들을 지키려고 하였다. 늑대와 사자, 그리고 곰들의 위협으로부터 생명을 걸고 양들을 지켰다사무엘상 17:34-35. 사울에게 쫓겨 광야에서 은둔생활을 할 때는 그가 책임진 공동체들을 지키려고 수고하였다.

훗날 다윗이 블레셋이 차지하고 있던 베들레헴을 공격하기 위해 포위하고 있을 때였다. 다윗이 베들레헴 성문 옆의 우물 물을 먹고 싶어 했다. 소원을 알아차린 부하 장수들이 목숨을 걸고 물을 떠왔다. 그러나 다윗은 그 물을 마시지 않았다. "세 용사가 블레셋 사람의 진영을 돌파하고 지나가서 베들레헴 성문 곁 우물 물을 길어 가지고 다윗에게로 왔으나 다윗이 마시기를 기뻐하지 아니하고 그 물을 여호와께 부어 드리며"사무엘하23:16

다윗은 자기에게 물을 떠주려고 목숨을 걸었던 이들의 수고를 하나님께 돌려 드렸다. 이처럼 겸손과 섬김의 다윗에게 하나님께서는 이스라엘 민족을 맡기셨다. 하나님께서 맡기신 권력을 하나님의 의도에 따라 사용할 때에 하나님께서 지켜 주셨다.

그러나 다윗은 변질하여 여인 밧세바를 그 남편을 죽게 하여 강제로 차지하는 악행을 저질렀다. 하나님께서 백성을 통치하라고 주신 권력을 욕망을 채우는 일에 사용하였다. 하나님께서 백성을 섬기라고 주신 지혜를 범죄를 은폐하는 데 남용하였다. 결국 그 사건 이후에 다윗왕국의 국력은 쇠락하기 시작하였다.

이처럼 권력의 유혹을 이기는 법은 낮은 자리로 가는 것이다. 하나님께서 그 권력을 맡기신 이유를 생각하며 섬김의 자리로 가는 것이다. 그과 같이 권력의 유혹으로부터 승리한 사람을 하나님께서는 게임체인저로 사용하신다.

(4) 복수의 유혹—요압의 실패와 요셉의 승리

요압의 복수와 요압의 몰락

요압은 용맹함을 갖춘 장군이었으며, 다윗왕국을 수호하는 든든한 버팀목이었다. 사울의 장수인 아브넬이 요압의 둘째 동생 아사헬을 전투에서 죽인 사건이 발생하였다. 아브넬이 자기를 추격하지 말라고 경고했으나, 아사헬은 이를 무시하고 아브넬을 추격하여 싸움을 벌였다가 죽고 말았다.

요압은 자기 동생 아사헬의 죽음에 대한 분노를 잊지 않았다. 그로부터 7년 후에 사울왕을 따르는 북쪽 지파들을 위해 싸우던 아브넬이 다윗왕과의 협상을 위해 찾아왔다. 아브넬은 더 이상 사울왕조에게 소망이 없음을 알고 투항하려는 것이었다. 이스라엘 민족끼리의 전쟁을 끝낼 절호의 기회였다.

그런데 만족스러운 협상을 하고 돌아가는 아브넬을 요압이 추격하여 암살하였다. 또한 요압은 다윗의 장자 압살롬이 반란을 일으키자, 반란군을 진압하면서 압살롬을 살리라는 왕의 명령을 거역하고 죽였다. 왕에게 반란을 일으킨 것을 왕을 섬기는 자신에 대한 도전으로 받아들이고 그에 대해 보복하였다. 이처럼 요압은 그가 받은 만큼 철저히 응징하는 사람이었다. 요압은 그가 원하는 만큼의 보복을 하였지만, 결국은 패망하고 말았다.

요셉의 섬김과 요셉의 승리

요셉에게는 복수할 충분한 이유도, 충분한 힘도 있었다. 자신을 인신매매한 형들 때문에 요셉은 엄청난 고난을 겪었다. 이제는 세계를 통치하는 강력한 권력을 가지고 있었다. 이러한 사태가 다시 일어나지 않도록 일벌백계하더라도 충분히 정당하다고 할 수 있었다.

그러나 요셉은 그 복수를 스스로 포기한다. 그것은 역사를 움직이는 힘은 사람이 아니라 하나님께 있음을 요셉은 믿었기 때문이었다. 모든 일들을 합력하여 선을 이루게 하시는 하나님의 섭리를 굳게 믿었다. 요셉은 자신이 복수를 집행하는 것을 포기하고 하나님께 맡겼다. 하나님께서는 이처럼 복수의 유혹을 극복한 요셉을 놀라운 게임체인저로 사용하셨다.

게임체인저는 수많은 유혹의 늪을 만나지만 그 유혹의 늪에 빠지지 않고 지나간다. 물질, 권력, 욕망, 복수의 유혹들을 극복하는 이들을 하나님께서는 게임체인저로 사용하신다. 그리고 전무후무한 불꽃시대를 열어 가신다.

이러한 유혹들을 이기는 것은 개인의 경건이나 인격, 그리고 인내가 아니다. 하나님을 깊이 묵상하고 품게 될 때에, 비로소 승리하게 된다. 하나님의 비전이 그득히 채워질 때에 유혹은 그 설자리를 잃게 된다.

나의 손에서 복수의 칼을 빼앗은 사람

20세기 최고의 기독교 영화로 꼽히는 1959년 영화 <벤허Ben Hur>는 루 월리스Lew Wallace의 소설 『벤허: 그리스도의 이야기』를 영화로 만든 것이다. 이 작품에서 주인공인 이스라엘인 '벤허'는 오랫동안 친구였던 로마인 '멧살라'에게 배신당하여 혹독한 고통을 겪었다. 믿었던 친구라고 생각하였던 멧살라가 벤허의 가문을 처참하게 몰락시켰다.

벤허는 사형수의 신분으로 갤리선에서 죽을 때까지 노를 저어야 하는 처지가 되었다. 어머니와 여동생은 생사를 알 수 없었다. 갤리선으로 끌려가는 동안 벤허는 멧살라에게 반드시 복수하겠다고 굳게 맹세했다. 그러나 벤허가 예수님을 만나는 순간 그의 삶은 완전히 달라졌다. 벤허는 예수님을 만나는 순간 자신의 손에서 칼이 떨어져 나갔다고 고백을 하였다.

그리고 모든 것이 회복되는 새로운 삶이 시작되었다. 전투 중 자신이 노를 젓던 갤리선에서 로마인 장군을 구하여 갤리선에서 내리게 되었고, 마침내는 정당한 전차 경주에서 멧살라와 경주하다 하나님께서 멧살라를 심판하시는 것을 목격하게 된다.

제가 형의 자녀들을 책임지겠습니다

요셉은 형들로부터 씻을 수 없는 아픔을 받았다. 요셉은 청소년 시기에 형들로부터 인신매매를 당하는 아픔을 겪었다. 형들은 마른 우물 구덩이 밑에서 살려달라는 요셉의 부르짖음을 외면하였다.

형들은 요셉이 구덩이에 갇혀 있는 동안에 태연하게 음식을 먹을 만큼 잔인하였다. 형들은 악랄하게도 낯선 상인들에게 요셉을 노예로 팔아 버렸다. 이러한 상황은 요셉이 애굽의 총리가 되면서 완전히 역전이 되었다.

이 사실을 깨닫게 된 형들은 요셉이 자기들에게 보복을 할 것을 두려워하였다. 사람들은 항상 자기 식으로 생각하고 판단한다. 그들의 아버지였던 야곱이 세상을 떠나자 형들의 이러한 두려움은 최고조에 달하였다. 요셉이 아버지 야곱을 보아 형들에게 보복을 하지 않았지만 이제 아버지가 계시지 않으니 요셉이 그동안 미루어 왔던 복수를 할 것으로 생각했다. 그리하여 형들은 요셉에게 찾아가서 차라리 노예가 되겠다고 하였다.

그때에 요셉은 눈물을 흘리면서 자기는 형들을 심판할 수 없노라고 선언하였다. "요셉이 그들에게 이르되 두려워하지 마소서 내가 하나님을 대신하리이까"창세기50:19 그리고 요셉은 형들을 아끼는 자신의 진심을 밝혔다. "당신들은 두려워하지 마소서 내가 당신들과 당신들의 자녀를 기르리이다 하고 그들을 간곡한 말로 위로하였더라"창세기50:21 요셉은 자신이 이곳에 온 것 이유는 형들이 아니라 하나님 때문이라고 고백을 하였다. 이러한 믿음이 있었기에 요셉은 형들을 이미 용서할 수 있었다.

상처를 지닌 사람은 사람들과의 관계가 불편하게 된다. 사람들과의 불편한 관계는 정상적인 신앙생활에 영향을 주게 된다. 특히 교회에서 상처를 받은 사람들은 많은 경우에 이 상처를 극복하지 못한다. 상처를 준 이들은 끝내 변하지 않을 수 있다. 그러나 하나님의 은혜를 받으면 오히려 그들의 모습이 다르게 보인다.

하나님의 은혜가 임하면 나타나는 현상은 주변의 사람들이 모두 불쌍하게 보이는 것이다. '오죽하면 저렇게 하겠는가'라는 탄식 가운데 아픔을 갖게 된다. 이렇게 사람들과의 관계가 회복되어야 하나님의 은혜가 임하게 된다.

그 재질이 뛰어나기 때문에 하나님의 게임체인저가 되는 것이 아니다. 하나님의 게임체인저는 자기를 청결히 하여 깨끗하게 하는 그릇이다. 만일 그릇에 지저분한 것이 묻어 있다면 아무리 비싼 그릇이라고 해도 사용되지 못한다. 컵에 맹독성 약품이 묻어 있다면 아무리 좋은 음료를 붓더라도 곧 독약이 되고 만다. 자기 내면의 상처가 해결되지 않은 채 권력과 물질을 소유한 사람은 주변을 불행하게 한다. 자기 안에 지닌 상처의 독소가 제거되어야만 하나님의 거룩하신 은혜가 임하게 된다.

3. 유혹을 이기는 방법

태양을 본 사람은 촛불에 만족하지 않는다

하나님의 영광을 분명히 목격한 사람은 이 세상의 그 어떤 것도 시시하게 여긴다. 모세는 애굽의 모든 보화보다 믿음의 백성들과 함께 고난 받는 것을 택하였다. 애굽에서 왕자로 살기보다 하나님의 백성이 되기를 원했다. "믿음으로 모세는 장성하여 바로의 공주의 아들이라 칭함 받기를 거절하고 도리어 하나님의 백성과 함께 고난 받기를 잠시 죄악의 낙을 누리는 것보다 더 좋아하고"히브리서 11:24-25

모세는 애굽 궁전의 화려한 보화보다도 주를 위한 고난을 더욱 기뻐했다. "그리스도를 위하여 받는 수모를 애굽의 모든 보화보다 더 큰 재물로 여겼으니 이는 상 주심을 바라봄이라"히브리서11:26

바울은 예수님을 만나기 이전에 충분히 넉넉한 삶을 살 수 있었다. 태어나면서부터 로마의 시민권을 가졌다. 정통 유대인의 가문에서 태어나고 자라났다. "나는 팔일 만에 할례를 받고 이스라엘 족속이요 베냐민 지파요 히브리인 중의 히브리인이요 율법으로는 바리새인이요"빌립보서3:5

바울은 당대 최고의 석학인 가말리엘에게서 수학을 하였다. 이는 바울에게 최고의 학벌을 주었고, 행복한 미래가 충분히 보장되어 있었다. "나는 유대인으로 길리기아 다소에서 났고 이 성에서 자라 가말리엘의 문하에서 우리 조상들의 율법의 엄한 교훈을 받았고

오늘 너희 모든 사람처럼 하나님께 대하여 열심이 있는 자라"^{사도행}

전22:3

　하지만 바울은 그 모든 보장된 가치들을 배설물과 같이 여겼다. "또한 모든 것을 해로 여김은 내 주 그리스도 예수를 아는 지식이 가장 고상하기 때문이라 내가 그를 위하여 모든 것을 잃어버리고 배설물로 여김은 그리스도를 얻고"빌립보서3:8 이러한 바울의 변화는 예수님을 만나고 난 후에 일어난 것이었다.

　유혹은 사람의 노력과 결심으로 이길 수 있는 것이 아니다. 유혹은 굳센 인내로 얻어지는 것도 아니다. 유혹을 이기는 법은 하나님의 비전에 사로잡히는 것이다. 요셉은 17세에 하나님께서 주신 비전이 있었다. 요셉은 그 비전에 사로잡혀 있었기에, 그 어떤 육체의 욕망에도 흔들리지 않았다.

　그러므로 지금 나는 무엇에 집중하는가를 살펴보아야 한다. 지금 내 맘을 가득히 채우고 있는 것은 무엇인가를 확인해야 한다. 지금 내 안에 하나님의 영광이 가득히 채워져 있으면 그 어떤 유혹들도 이길 수 있다. 자신 안을 하나님의 영광으로 가득 채우려면 하나님의 비전에 집중해야 한다. 보는 것과 듣는 것을 하나님의 영광을 높이는 것에 집중해야만 한다.

　그러므로 자신이 자주 접하는 것이 무엇인가를 스스로 살펴야 한다. 욕망을 자극하는 것들에 지속적으로 노출되면 결국 그 욕망에 굴복하게 된다. 그러므로 무릇 지킬 만한 여러 귀한 것들 중에서도 특히 마음을 지키되, 그 방향을 비전에 고정해야 할 것이다. 하나님의 거룩한 영광으로 자신을 채우면 그 어떤 유혹이 들어설 자리가 없게 된다.

이처럼 하나님의 영광을 그 안에 채우고 욕망에서 벗어날 때 하나님께서 그를 사용하신다.

진짜 망고를 먹으면 가짜 망고는 먹을 수 없다

"망고타임!" 하는 한마디에 깊은 잠에 빠졌던 나는 벌떡 일어났다. 내가 호주에서 체류하는 동안 숙소를 제공해 주신 집사님께서 아침마다 망고를 내어 주셨다. '달콤하다'는 말로는 다 표현하기 힘든 망고를 먹으면서 매일 아침을 시작했다.

호주에서의 모든 일정을 마치고 귀국하게 되었다. 이는 더 이상 그 망고를 먹지 못한다는 뜻이었다. 아쉬움 속에 호주에서 출발하는 밤 비행기를 타고 다음 날 아침에 한국에 도착을 하였다. 아침에 공항에 내리면서 나의 몸에는 금단 증세가 나타나기 시작하였다. 그것은 몸속으로 빨리 망고를 투입하라는 신호였다.

무엇이라도 속을 채우려고 편의점에 들르는 순간 나는 깜짝 놀랐다. 편의점에 '망고주스'가 출시되어 진열되어 있었다. 출국할 때에는 없었는데, 그동안 출시되었다고 했다. 믿을 수 없는 사실에 나는 급히 값을 치르고 망고주스를 단숨에 들이켰다. 망고주스가 입으로 들어오는 순간, 그러나 나는 망고주스를 목으로 넘길 수 없었다.

병 뒷면을 확인하자 그 이유를 알게 되었다. 그 망고주스는 망고 원액을 주스로 만든 것이 아니라 '망고향 5퍼센트 함유'였다. 다른 이들은 망고주스를 맛있게 먹고 있었다. 하지만 나는 그 '망고향 주스'를 도무지 마실 수가 없었다. 신선한 망고를 계속 먹어서 망고의 참맛을 알고 있기 때문이었다.

진짜를 먹어본 사람은 가짜에 만족하지 않는다. 진짜 기쁨을 체험한 사람은 가짜 기쁨에 흔들리지 않는다. 하나님의 영광을 진심으로 체험하면, 이 세상의 그 어떤 것에도 만족하지 않는다. 사람들이 쾌락에서 탈출하려면 참된 기쁨을 알아야 한다. 하나님의 은혜를 깊이 체험하면 세상이 줄 수 없는 참된 평안을 얻게 된다. 그 기쁨을 체험한 사람은 그 어떤 대가를 지불하고서라도 다시 누리기를 원한다.

마시멜로 효과: 이기는 기쁨이 더욱 크다

죄를 즐기는 데에는 묘한 스릴과 묘미가 있다. 죄로부터 오는 짜릿한 쾌감들 때문에 수많은 이들이 죄의 중독 속으로 빠져들게 된다. 그러나 죄로부터 얻는 즐거움보다 더욱 큰 기쁨이 죄악을 스스로 통제할 때에 나타나게 된다. 자신이 죄의 영향력으로부터 자유롭다는 그 사실은 자신에게 한없는 자부심을 갖도록 한다.

『마시멜로 이야기』라는 책에서는 '만족 유예'라는 개념을 설명한다. 이는 지금 눈앞의 유혹을 이겨내는 사람이 미래의 삶을 성공으로 세워간다는 것이다. 이는 특별한 실험을 바탕으로 한다. 실험자는 아이들이 좋아하는 마시멜로를 아이와 함께 방 안에 둔다. 그리고 아이에게 15분 동안 먹지 않고 참으면 두 개를 준다고 제시한다. 이렇게 15분 동안 아이를 혼자 두고 관찰하는 실험이다.

실험자는 아이들을 두 부류로 나눈다. 인내하지 못하고 마시멜로를 먹어 버린 아이와, 유혹을 이겨내고 참아 낸 아이들로 나눈다. 그리고 20년이 지난 후에 그 아이들이 어떻게 성장하였는가를 살펴보았다. 마시멜로를 먹지 않은 아이들은 감정을 다스려 성공적인 삶을 살아가고 있었다. 반면에 당장 눈앞의 마시멜로의 유혹을 이기지 못한 아이들은 결국 실패한 삶을 살게 되었다고 한다. '만족 유예'가 성공을 뒷받침한다는 것이다.

일반 사람들은 고난을 회피하려고 하지만, 게임체인저는 힘겨운 고난의 사막을 지나간다. 고난의 종류는 다양하게 찾아오지만, 게임체인저는 그 고난들을 잘 풀어 나간다. 게임체인저가 고난을 잘 극복하는 비결은 고난을 하나님의 시선으로 해석하는 것이다.

고난은 하나님께서 계획하신 궤도 수정이라는 것을 믿으면 고난을 넘어서게 된다. 고난의 과정을 통과하면서 더욱 강해진다는 것을 믿을 때에 고난을 이기게 된다. 고난 속에 놀라운 변화의 열쇠를 숨기셨음을 알 때에 고난을 극복할 수 있다. 게임체인저는 모든 일의 원인을 하나님께 두며 살아간다. 조각들이 하나의 모자이크 작품을 만들듯, 삶의 무수한 조각들이 모여 작품을 완성한다.

그러므로 현재에 급급하여 살지 않고 하나님의 시선으로 바라보며 인내하게 된다. 하나님의 시간이 찰 때에 이 과정들을 통과한 게임체인저들을 하나님은 마음껏 쓰신다. 하나님께서는 자기를 정결하고 깨끗하게 하는 이들을 통하여 역사하시기 때문이다. 유혹과 고난이라는 하나님의 졸업고사를 통과한 이들을 하나님께서는 사용하신다.

유혹은 게임체인저들을 쉽게 허물어 버릴 수 있는 강력한 힘을 가지고 있다. 한번 유혹에 잡히면 그 전염의 속도는 엄청나서 쉽게 허물어질 수가 있다. 수많은 좋은 조건을 가졌지만, 많은 이들이 유혹의 덫에 걸려 좌초한다. 그러나 게임체인저는 유혹의 늪을 지나간다. 게임체인저는 더욱 귀하고 눈부신 갈망을 가지면서 유혹을 이겨낸다.

🔑 네 번째 열쇠 다듬기

1) 하나님의 게임체인저는 진공상태에서 수월하게 만들어지지 않는다. 힘겨운 과정을 이겨낼 때에, 비로소 하나님의 게임체인저로 쓰임받을 수 있다. 고난을 이기는 힘은 개인의 능력이 아니라, 하나님께 시선을 고정할 때에 나온다.

2) 고난은 단지 지나가는 과정으로 끝나지 않고, 유익한 결과물들을 남긴다. 고난은 나의 계획에서 하나님의 섭리로 가는 궤도 수정이다. 고난은 나를 더욱 강하게 하는 하나님의 파워 프로그램이다. 고난의 혹독한 세월 속에 하나님의 비전을 이루는 숨겨진 실마리가 발견된다.

3) 하나님의 게임체인저는 유혹의 관문을 통과해야 지속적으로 쓰임받을 수 있다. 자신이 하나님의 청지기임을 깨닫는 사람만이 유혹에서 자유로울 수 있다. 하나님의 청지기는 죄악을 즐기는 만족보다 죄악을 이기는 기쁨을 선택한다.

4) 하나님의 게임체인저는 주어지는 특권을 섬김의 기회로 활용한다.

<내가 대답해야 하는 질문>

* 나의 삶에서 가장 힘든 상황에서 믿음으로 돌파한 경험들은 어떤 것이
  있는가?

  _____

  _____

* 고난을 통하여 자신이 더욱 업그레이드 된 경험은 어떤 것인가?

  _____

  _____

* 나를 힘들게 하는 중독은 어떤 것이며, 나는 어떻게 극복할까?

  _____

  _____

* 내가 이룬 성취로 다른 이들을 섬긴 경험에는 어떤 것들이 있는가?

  _____

  _____

* 고난을 지나고 난 이후에 유익이 되었던 케이스 기록하기 *

  _____

  _____

  _____

다섯 번째 열쇠: 헌신

하나님의 게임체인저는
계산하지 않고 망설이지 않는다.

하나님의 게임체인저는
무모해 보이는 헌신을 기꺼이 한다.

1. 잘못된 헌신

오사마 빈 라덴

오사마 빈 라덴Osama bin Laden은 사우디아라비아의 건설 재벌의 아들로 태어났다. 그는 41세 때에 이미 3억 달러의 재산을 가진 재산가였다. 그는 얼마든지 평안하게 안락하게 살 수가 있었지만, 그에게는 하나의 꿈이 있었다. 그것은 '완전한 이슬람 제국'을 건설하는 것이었다.

그는 이러한 소망을 말에 그치는 것이 아니라 직접 행동에 옮겼다. 소련이 이슬람 국가 아프가니스탄을 침공하자 그는 소총을 들고 직접 전투에 참여하여 게릴라전을 벌였다. 그의 놀라운 지휘로 아프가니스탄 이슬람 저항군은 백전백승을 거두게 되었다. 그는 이슬람 저항군을 이끌며 전투마다 승리를 거두는 전설적 인물이 되었다. 결국 10년이 넘는 저항군 활동을 벌이면서 마침내 소련을 몰아내었다.

이후 그는 과격한 이슬람 무장 단체 '알 카에다al-Qaeda'를 조직하고 수많은 테러리스트들을 훈련시켜 수차례 테러를 일으키며 수많은 희생자들을 낳았다. 그리고 마침내는 건국 이후 한 번도 침공을 받지 않은 미국의 최대 도시 뉴욕에 직격탄을 날렸다. 2001년 9월 11일, 뉴욕 중심가에 위치한 110층짜리 쌍둥이 건물 '세계 무역 센터 World Trade Center'에 항공기 테러를 감행한 것이다.

미국과 패권을 다투던 냉전 시대의 소련조차 하지 못하였던 일이었다. 불과 한 사람이 세계 최강대국이라는 소련과 미국을 상대로 싸워 이겼다. 그는 이슬람 제국을 쌓아 올리기 위하여 자신의 모든 것을 쏟아 부었다.

이러한 한 사람의 생각에 수많은 젊은이들이 동조하였다. 수많은 젊은이들이 오사마 빈 라덴의 명령에 기꺼이 자살특공대로 자원하여 무차별적인 테러를 수행했다. 오사마 빈 라덴은 2011년 5월 11일 파키스탄에서 미국 특수부대에게 사살당했다. 이러한 비극을 초래하는 잘못된 헌신들은 늘 존재하여 왔다.

모르몬교도와 일본의 가미카제

성경과 함께 모르몬경Book of Mormon을 경전으로 가진 이단인 모르몬Mormon교도들은 미국 유타Utah주 솔트레이크 시티Salt Lake City에 많이 거주한다. 그들은 청년들에게 2년을 모르몬교를 위하여 바치라고 요구를 받는다. 그래서 모르몬교도 청년들은 직장과 학교를 쉬면서 외국에 선교사로 나간다. 그들의 젊음을 모르몬교를 위하여 헌신한다.

제2차 세계대전 말기에, 일본 군인들은 일왕日王을 위하여 기꺼이 목숨을 던졌다. 일본 공군의 전투기 조종사들은 돌아올 분량의 연료는 싣지 않고 연합군의 함선으로 날아가서는 자폭을 감행하였다. 이를 가미카제神風 특공대라고 하였다. 수많은 일본 청년들이 가미카제 특공대로 자살하는 데에 주저하지 않았다.

이렇게 왜곡된 헌신들 때문에 큰 불행과 비극이 초래되었다. 모르몬교를 전파하는 이들로 말미암아 수많은 영혼들이 멸망의 길로 가게 되었다. 일본 군국주의에 세뇌당한 젊은이들이 아시아와 오세아니아 전역, 그리고 미국 진주만에 이르기까지 엄청난 피해를 입혔다.

레닌의 열정

1870년에 러시아의 볼가강Volga River 근처 작은 동네의 교사 부부 가정에서 한 남자아이가 태어났다. 그는 사회복지에 관심이 많은 부모의 슬하에서 따스하고 화기애애한 어린 시절을 보내었다. 그러나 그가 17세이던 해 대학생이던 형이 황제 암살 음모에 연루되어 교수형에 처해지면서 그의 삶은 달라진다.

대학생이 된 그는 황제를 정점으로 한 귀족 중심의 세상에 불만을 품고 혁명가들의 책에 빠져 살다가, 불법 시위에 참가했다는 이유로 대학에서 쫓겨났다. 대학에 재입학하고자 했던 시도가 무산되자 그는 추방된 혁명가들과 교류하다 마침내 공산주의자Marxist가 되었다.

그는 서유럽을 돌아다니며 러시아에서 망명한 혁명가들을 만나고 다시 러시아로 돌아와 공산주의 혁명 단체를 조직했다. 이 일로 체포되어 1년간 감옥에 있다가 시베리아로 3년간 유배를 당하였다. 다시 서유럽으로 탈출한 그는 세력을 모아 공산당을 조직했고, 마침내는 1917년에 볼셰비키 혁명을 일으켰다.

그가 바로 소련 공산당의 창시자 '레닌Lenin'이었다. 그로 말미암아 세계 정치와 경제 체제의 40퍼센트가 공산주의로 바뀌었다. 레닌은 1924년에 54세의 나이에 뇌동맥 경화로 세상을 떠났다. 레닌은 자기의 두뇌를 혹사하여 죽음에 이르도록 공산주의를 위하여 헌신하였다. 그러한 헌신은 수많은 비극을 만들게 되는 원인이 되었다.

모르몬교도와 가미카제 특공대, 레닌은 그 누구도 흉내를 내기 힘든 헌신을 하였다. 그 헌신은 도리어 다른 이들을 파괴하는 결과로 나타나게 되었다. 그러므로 헌신의 열정보다 더욱 중요한 것은 헌신의 방향이다.

히틀러의 뜻대로

제2차 세계대전 때 히틀러를 도왔던 수많은 참모들이 있었다. 그들은 뛰어난 재능을 오로지 히틀러를 위하여 투자하였다. 그중 '알베르트 슈페어Albert Speer'도 있었다. 그는 히틀러가 총애한 건축가이자 군대에 물자를 제공하는 일을 책임지는 군수장관이었다.

감수성이 뛰어난 건축가로서 그는 수천 년간 나치Nazis 독일을 상징할 건물들을 건축하였다. 그의 목표는 나치가 점령한 세계의 수도, 세계의 심장부가 될 '게르마니아Germania'를 건설하는 것이었다. 그는 이 목표를 달성하려고 수많은 사람들을 강제로 수감하고 강제로 노역을 시키는 등 착취하였다.

'괴링Hermann Göring'은 히틀러의 출세가도를 열었던 사람이었다. 히틀러가 무제한의 권력을 갖도록 최대한의 지원을 아끼지 않았다. "나는 양심의 가책을 느끼지 않는다, 히틀러가 나의 양심이다."라고 고백할 정도였다. 그는 나치 독일의 공군을 맡아서 전쟁에 앞장서며 히틀러의 정복욕을 충족시켜 주었다.

'루돌프 헤스Rudolf Hess'는 최초의 히틀러 신봉자로 이른바 '총통 숭배자'였다. 그는 총통이라는 단어를 창안해 내었으며, 총통의 시중, 대리인으로 자처하였다. 광신적인 반유대주의자로 유태인 학대의 근간이 된 1935년 '뉘른베르크 법Nurnberg Laws'을 만들었다

'하인리히 히믈러Heinrich Himmler'는 히틀러의 인종청소 작업을 효과적으로 무자비하게 수행하였다. 그는 유대인과 집시, 슬라브인들을 집단으로 대학살하는 '홀로코스트Holocaust'를 체계적으로, 철저히 수행하였다.

'카를 되니츠Karl Dönitz'는 히틀러의 후계자이면서 함대의 사령관이었다. 그는 잠수함 부대인 'U-보트U-boat'로 연합군에게 막대한 피해를 입혔다. 그는 체포된 후 전범재판에서 다시 태어난다고 하여도 이 길을 갈 것이라고 했다.

'리펜슈탈Leni Riefenstahl'은 뛰어난 여류 감독으로서, 25살 때에 라디오를 통해 히틀러의 연설을 들었다. 그 순간 그녀는 '전기고문을 받는 듯한 전율'을 느꼈으며, '종말론적 묵시'를 발견했다고 한다. 그녀는 히틀러에게 연락하여 자기의 영화적인 재능을 바치겠노라고 충성을 다짐했다.

1933년에는 히틀러의 주문을 받아 <신념의 승리Sieg des Glaubens>를 찍었고, 1934년에는 히틀러의 나치당의 뉘른베르크 전당대회를 기록한 기록영화 <의지의 승리Triumph des Willens>를 찍었다. 36대의

카메라와 첨단 영상 장비와 놀라운 편집기술로 엄청난 영상을 만들어 나치를 선전했다. 1938년에는 2년 전의 베를린 올림픽을 촬영, 편집한 <올림픽 경기Olympische Spiele>를 선보였는데, 뛰어난 음악과 음향효과로 찬사를 받았다.

이 영화들은 독일인들에게 히틀러를 위대한 지도자로 각인시켰다. 이로써 온 독일인들을 히틀러의 엄청난 범죄에 동참하도록 유도하였던 것이다.

이처럼 히틀러에게 헌신한 이들은 세계 역사에서 가장 큰 비극을 만들었다. 그들은 그것이 자기들의 삶의 목적이라고 생각했지만, 올바르지 못한 것이었다. 이러한 헌신은 차라리 없었더라면 본인과 사회에게 유익할 뻔하였다.

2. 진정한 헌신

천 개의 인생이 주어진다고 해도

한국에서 처음 기독교를 선교한 선교사들은 거의 대부분이 엘리트 중의 엘리트들이었다. 그들은 대학을 졸업할 때에 이미 교수로, 전문의로 학교와 병원에 취직이 결정되어 있었다. 그들에게는 사랑하는 가족들, 약혼자가 있었다. 성공이 보장된 인생이었다.

그러던 중 그들은 하나님께서 주시는 비전과 환상을 보고, 듣게 되었다. 처음에 그들은 거절하였지만, 반복하여 그들을 압박하는 그 비전을 받아들였다. 그러한 결정에 그들의 친지와 친구들은 한결같이 반대를 하였다. 심지어 어느 약혼녀는 조선으로 선교를 떠나면 따라가지 않겠다고도 하였다. 그때에 그들은 '다른 좋은 남자를 만나도록' 축복하면서까지 한국으로 왔다.

한국에 처음 왔을 때 선교사들은 대개 갓 대학을 졸업한 스물대여섯 살의 나이였다. 그들 중 많은 이들이 한국에서 2, 3년을 넘기지 못하고 죽었다. 고국에서 주사 한 번 맞으면 나을 병을 고치지 못하여 죽기도 하였다. 고국에서 사탕 하나만 먹어도 나을 병에 자녀들이 시달리다가 죽기도 하였다.

그렇게 자기의 배우자와 자녀를 빼앗아 간 이 땅을 위하여 다시 일어나 복음을 전하였다. 그들이 얼마나 값진 대가를 지불하였는가를 알지 못하는 사람들을 위하여 복음을 전하였다. 자기들을 환영하지 않는 이들을 위해 매 맞고 돌 맞아 순교를 당하기도 하였다.

서울 상암 월드컵 경기장 근처에 '양화진 외국인 묘역'이 있다. 그곳에는 한국 땅에 자기의 삶을 헌신하였던 수많은 이들이 묻혀 있다. 그들은 죽어서도 자기의 조국이 아닌, 하나님께서 사명지로 주신 땅에 묻히기를 원하였다. 그들은 먼저 세상을 떠난 자녀들과 부인을 한국 땅에 묻고 마침내 자신들도 묻혔다.

'루비 레이첼 켄드릭Rubye Rachael Kendric' 선교사는 스물다섯 살의 나이에 미혼으로 조선 땅에 도착하였다. 켄드릭 선교사는 조선 땅에서 9개월간 선교 사역으로 섬겼다. 그녀는 양화진의 선교사 묘역에 안장되었고, 묘비명에는 이렇게 적혀 있다.

"IF I HAD A THOUSAND LIVES TO GIVE, KOREA
SHOULD HAVE THEM ALL"
(만일 천 개의 생명이 있다면, 모두 조선을 위해 바치리라)

이것이 진정한 헌신의 모습이다. 이론과 생각만으로가 아니라,
진정으로 헌신하는 삶을 보여 주는 것이다.

파리로 보내 드리겠습니다

유럽여행은 나에게 있어서는 초등학교 시절부터 가져온 로망이었
다. 매달 발행되는 학생잡지에 실린 <시관이와 변호의 유럽여행>을
처음 보고서는 매달 손꼽아 기다릴 정도로 간절한 소원을 가지게
되었다.

만화를 보면서도 프랑스, 독일, 스위스, 영국에 대한 환상을 가지
게 되었다. 이따금 텔레비전에서 소개되는 유럽의 도시를 보면서
이러한 갈망은 더욱 커졌다. 유럽을 배경으로 하는 영화를 만날 때
에는 간절한 소원이 더욱 증폭되었다. 훗날 세계여행이 자유화되었
지만 유럽으로 여행을 가는 것은 현실적으로 쉽지 않았다.

간절한 소원을 가지고 언젠가는 이루어질 로망으로 생각하던 중
에 놀라운 기회가 찾아왔다. 거의 30년 만에 찾아온 기회는 정말 충
격적일 정도로 파격적이었다.

하루 종일 교목 사역을 하느라 지쳤던 5월의 오후, 나를 좋게 여겨주시던 교수님에게서 전화가 왔다.

"목사님, 이번 여름방학 때에 혹시 특별한 계획이 있으신가요?"
"음, 이번 여름엔 특별한 일정은 없어요."

"목사님, 여권은 있으시죠?"
"여권을 가질 여건은 되죠."

"그럼, 목사님 저랑 같이 파리와 스위스에 열흘간 다녀오시죠."
"네에?"

"제가 졸업한 파리 대학에서 졸업생 초청 특강에 제가 선정되어 가는데요, 저의 경비는 그 학교와 저의 연구소에서 다 나옵니다. 파리에서 6일간, 스위스에서 4일간 정도의 일정입니다. 목사님의 경비는 제가 다 준비할 테니, 목사님은 사모님 선물비만 준비하세요."
"……"

"목사님이 평소에 유럽에 가고 싶다고 노래를 부르셨는데, 이번에 성취하시죠."
"……"

"그럼, 문자로 목사님의 기본정보를 보내주세요."

전혀 예측하지도 못한 제안을 받고서, 말로 표현할 수 없는 감동에 잠겼다. 내게도 이처럼 비현실적인 기적 같은 일이 일어날 수 있음에 전율했다. 하루 종일 아이들을 대하느라 지친 시간이었지만 피로가 싹 가셨다.

그리고 유럽을 방문하는 절차를 진행했다. 해외여행을 위해 필요한 정보를 하나라도 틀리게 보낼까 싶어서 여권과 신분증을 사진 찍어서 보내었다. 그리고 프랑스, 파리, 스위스에 관한 책자를 구입하여 열심히 공부했다.

꿈꾸던 유럽 여행의 동선을 결정하면서 생각하는 것만으로도 충분히 행복했다 '루브르, 오르쉐, 퐁피두 박물관, 퐁테프의 다리, 세느강, 노트르담 사원!' 그 앞에서 어떤 포즈로 사진을 찍을까 하는 행복한 고민으로 매일매일이 행복했다.

중고등부 집회 설교하러 보내드리겠습니다

6월 중순에 선배 목사님으로부터 전화가 왔다. 창원의 한 교회 중고등부에서 열리는 여름 수련회에 와서 설교를 해 달라는 요청이었다. 나는 요청에 기꺼이 하겠노라고 응답했다. 선배 목사님은 그렇다면 창원의 교회에 의사를 전하겠다고 하셨다. 하지만 몇 주가 지나도 수련회를 요청한 교회에서는 특별한 연락이 없었다.

7월 초가 되어서 유럽으로 가는 모든 일정들이 완벽하게 준비되었다. 혼자서만 알고 있기에는 너무도 벅찬 내용이라, 수업시간에 아이들에게 자랑도 했다. "얘들아, Dreams come true! 꿈은 반드시 이루어진단다. '나에게 설마' 싶은 꿈들도 반드시 이루어진단다. 그러니 현실에 지배되어 생각만 하지 말아라. 현재의 중력을 벗어나는 다소 무모한 꿈도 반드시 가지기를 바란다!"

유럽에 있는 동안에 가능한 많은 사진을 촬영하여 수업시간에 사용도 하고, 채플 시간에 메시지를 위한 자료로도 사용하리라 생각하였다.

그리고 여름방학이 점차 가까워지는 7월 중순 즈음에 한 통의 전화가 왔다. 한 달 전에 중고등부 수련회 설교 요청을 하였던 창원의 그 교회였다.

"목사님, 일찍 연락을 못드려 죄송합니다. 하지만 이번 여름수련회를 섬겨 주신다니 정말 감사합니다."
"아, 아닙니다. 제가 감사합니다."

"목사님, 저희 학생들이 숫자가 많지 않아서 이번에 수련회를 해야 하나 그런 고민도 있었습니다. 오셔서 저녁집회 두 번을 섬겨 주십시오."
"아, 인원은 그렇게 중요하지 않습니다. 참, 그런데 수련회 날짜는 언제인가요?"

"네 목사님, 정말 감사합니다. 목사님 수련회 날짜는요……."

수련회 날짜를 듣는 순간 숨이 멎는 기분이었다. 우리가 유럽으로 출발하는 출국일부터 이틀간 집회를 한다는 것이었다. 순간 머릿속에는 수많은 생각들이 스치며 지나갔다. 일단 전화를 끊었다. '이걸 어떻게 하지' 하는 생각만이 머릿속에 가득했다. 결국 나는 결정을 하였다.

파리를 갈래? 수련회 설교하러 갈래?

나는 교수님에게로 전화를 드렸다. 나를 좋게만 봐 주신 교수님이 해맑게 환대해 주셨다.

"아, 목사님. 준비 잘 되시죠? 이제 곧 공항에서 뵐게요."

다시 마음이 요동쳤지만 이렇게 말씀을 드렸다.

"교수님, 저도 정말 간절히 가고 싶습니다만, 이번에는 함께 갈 수 없겠습니다."

뜻하지 않은 나의 말에 교수님은 정말 당황하는 기색이 역력했다. 나는 여름 수련회 이야기를 말씀드리면서 정중하게 양해를 구했다. 잠시 침묵이 흘렀고, 나는 그 시간이 길고 길게만 느껴졌다.

교수님은 이렇게 답변을 하셨다.

"알겠습니다. 목사님, 그렇게 알고 진행하겠습니다."

그 한마디는 이번 여름 유럽 여행이 없는 일이 되었다는 것이다. 사실 솔직히 교수님께서 지금 일정을 변경하면 위약금도 상당하고, 새롭게 예약하면 너무 번거로운 데다, 어느 약속이 먼저냐고 하셨으면 나도 생각을 바꾸었을지도 모른다. 유럽에 가는 일정이 당연히 선약이고, 교수님의 재정으로 이런 일정을 준비하고 위약금을 물게 되는 것은 정말 무례한 일이 될 수 있기 때문이다.

하지만 나의 결정과 교수님의 지나칠 정도의 확고한 결단으로 유럽여행은 그렇게 사라졌다.

여러분들은 무엇을 포기하고 여기에 왔습니까?

파리를 향하여 출국하기로 했던 날에 나는 수련회를 섬기러 출발했다. 수련회장으로 운전하면서 가는 길에 말로는 표현하기 힘든 감정이 밀려 왔다. 그럼에도 '내가 결정한 일이기에 후회는 없다'라고 지속적으로 스스로를 설득시켰다. 그리고 수련회장에 도착했다.

그 수련회장은 외진 곳에 위치하여 휴대폰도 잘 터지지 않았다. 수련회장 건물도 아주 낡아 보였다. 수련회를 준비하시는 분이 숙소를 안내해 주었는데, 한여름에 묵어야 할 숙소에 에어컨도 설치가 안 되어 있었다. 욕실과 화장실도 학생들과 공동으로 사용해야

해서 여러모로 불편했다. 계속해서 '내가 대우와 섬김을 받으러 온 것이 아니지' 하고 되새겨야 했다.

수련회장에서 수련회 참석자들과 모두 함께 식사를 하고 집회장으로 향했다. 미리 연락할 때는 스무여 명의 학생이 참여하리라 하였는데, 실제로 집회에는 십여 명만이 있었다. 게다가 찬양이 시작되었는데도 학생들은 찬양하지 않고 딴청을 피우고 있었다. 이런 학생들의 태도에 마음이 착잡했다. 숫자에 관계없이 학생들이 최선을 다한다면 마음이 달랐을 것이다.

그래도 마음이 흐트러지지 않도록 힘을 다하여 기도하며 드디어 설교 시간이 되었다. 여전히 학생들의 모습은 크게 달라지지 않았다. 나는 이렇게 말을 던지면서 시작했다.

"여러분은 이번 수련회에 무엇을 포기하고 왔습니까? 어떤 친구들은 학원을, 어떤 친구들은 가족들과의 여행을 포기하고 왔겠죠. 목사님은 파리여행을 포기하고 왔습니다."

느닷없는 말에 자세가 흐트러졌던 아이들의 눈빛이 달라졌다. 그리고 나는 이번 수련회에 오기까지의 과정을 자세히 설명했다. 학생들은 여름 수련회를 그저 여름만 되면 으레껏 하는 연례행사인 줄로 알았다. 그런데 그 수련회를 위해 유럽여행을 포기하고 온 나의 이야기를 들으면서 태도가 달라졌다. 그렇게 설교가 시작되었고 하나님께서 특별한 은혜를 부어 주셨다.

첫날 저녁 설교 전까지는 사실 좀 힘들었다. '지금 이 시간이면 여행 일정에 따르면 루브르 박물관을 갔을 텐데' 하는 생각이 느닷없이 솟아나고는 했다. 다행히 이튿날 저녁에도 하나님께서 큰 은혜를 부어 주셔서 잘 마무리했다. 그리고는 짐을 정리하여 차를 타고 집으로 향했다.

억울하니?

수련회장에서 귀가하는 길은 가로등이 없는 인적이 뜸한 국도였으므로 운전하기가 힘들었다. 갑자기 허기가 밀려왔다. 잠시 후 허름한 슈퍼마켓이 있어서 컵라면을 사고는 뜨거운 물을 받아 면이 익기를 기다렸다.

컵라면 뚜껑을 열고 라면을 젓가락으로 한 입 뜨는 순간 눈앞이 뿌옇게 변했다. 무어라 표현할 수 없는 울컥함이 솟구쳤다. '지금쯤이면 오, 샹젤리제 거리를 걷는 타이밍일까?' 하는 생각이 들면서, 동시에 수련회에서 아이들이 보여 준 표정들이 겹쳤다. 분명히 내 안에서 일어나는 감정인데, 도무지 가늠하기 힘든 감정이었다.

그 순간 마음속에 번개처럼 한 가지 울림이 왔다.

"왜, 억울하니?"

완전히 셋팅된 유럽여행, 30년 동안의 간절한 소망으로 빚은 유럽여행을, 모든 경비를 제공받는 유럽여행을 소수가 참가하는 수련회 때문에 포기한 것이 억울하냐는 질문이 내 마음속을 스쳐 지나 갔다.

그 순간 나는 고개를 도리질하면서 말했다.

"아뇨, 억울하지 않아요. 유럽 대신에 이 수련회에 오기를 잘 했어요."

그 고백 이후에 마음은 평안해졌고, 이상한 기쁨으로 가득 채워 진 채 집으로 돌아왔다. 그리고 그 해 여름이 지나고, 나의 삶에서는 놀라운 역사가 일어났다.

기적의 시작

청소년들을 위한 책을 쓰고 싶다는 평소의 간절한 소원이 이루어 졌다. 나의 첫 책 『불꽃시대를 열어가는 불꽃세대』라는 책으로 완성 되었다. 이 책을 읽은 찬양사역자 이천 목사님은 받은 은혜를 <불꽃 세대>라는 찬양으로 만들어 주셨다.

이 책은 '2005년 한국 기독교 출판문화상 청소년 부문' 대상을 수상했다. 이 상은 그해에 출판된 기독교 분야 책 가운데에서 각 분 야별 한 권을 선정한다. 일반적으로 이러한 상은 대형출판사를 통 하여 출간된 유명 사역자들의 책이 수상하기 마련이다. 나의 첫 책 은 대형 출판사가 아닌 교단 선교단체 소속의 SFC출판부를 통하여 발매되었다. 대형 출판사들에 비해 유통과 홍보의 한계가 있었음에도 얻은 성과였으므로 출판사에서도 기뻐해 주었다. 2007년도에는 『기적의 교향곡』을 역시 SFC출판부를 통하여 출간하였는데, 이 해에도 같은 상을 수상하게 되었다.

2007년 11월에 뉴질랜드 유스코스타를 섬겨 달라는 요청을 받았다. 해외 유학생들을 섬기는 코스타 집회는 1990년쯤 이미 그 이야기를 전해 들어 잘 알고 있었다. 정말 참여라도 해 보고 싶은 집회였다. 그러니 그 코스타를 섬겨 달라는 요청은 나에게는 얼마나 놀라운 사건이었겠는가. 15년이 넘은 긴 기도에 응답해 주셨다.

안타깝게도 2007년에는 당시의 여러 일정들과 겹쳐서 유스코스타를 섬기지 못하였다. 그 대신에 2008년 5월 상하이 유스코스타를 섬기게 되었다. 그 이후 지금까지 15년째로 코스타를 섬길 수 있는 영광을 누리게 되었다.

지금도 모든 일정이 다 잡힌 유럽여행을 포기한 그때가 눈에 선하다. 뒤늦게 연락해 온 소규모의 중고등부 여름수련회를 섬기기로 결정된 그날 오후이다. 그 시간을 회고할 때마다 하나님께서 나를 저울로 재어 보셨나 생각하게 된다.

"너, 유럽 가고 싶지?"
"그럼요, 정말 완전 가고 싶죠."

"그럼, 내가 유럽을 가게 해 주지, 모든 비용을 다 채워서 준비하마."

"하나님은 정말 살아계십니다! 정말 찬양합니다!"

"너, 다음세대들에게 설교하고 싶지?"
"그럼요, 정말 섬기고 싶죠."
"그러면 수련회에서 설교하게 해 주지!"
"아 하나님, 정말 위대하십니다!"

"그런데 유럽여행과 수련회가 같은 날이야. 넌, 어디로 갈래?"
"아……."

"너의 오랜 꿈인 유럽여행을 갈래, 아니면 작은 교회의 수련회 갈래?"
"……수련회에 가서 설교할게요."

하나님께서는 이 저울 위에서 수련회를 선택한 그때의 나를 어여삐 여기시고, 주님의 일을 더욱 기쁘게 섬기는 이후의 삶을 열어 주신 것이 아닐까 생각하고는 한다.

하나님의 일을 감당하려면 사람은 증명해야 한다. 생각만으로, 말로만이 아니라 진심으로 주의 일을 감당하려는 그 헌신의 순간을 하나님께서는 기억하시고 역사하신다. 2021년 여름의 이야기를 덧붙이자면, 그 수련회에 중등부로 참석했던 은비에게 결혼식의 주례를 부탁받아 섬겼다.

3. 거대한 헌신의 원리

위대한 일을 기대하고 시도하라

하나님으로부터 위대한 일을 기대하고,

Expect great things from God,

하나님을 위해 위대한 일을 시도하라!

attempt great things for God!

이 말은 구두 고치는 일을 하던 수선공 '윌리엄 캐리William Carey' 를 위대한 '현대 선교의 아버지'로 만들었다. 그는 1761년 영국의 한 작은 마을에서 천을 만드는 가난한 직조공의 아들로 태어났다. 캐리는 정식 교육을 받지 못했고, 어떤 지위, 영향력도 없는 구두 수선 공에 지나지 않았다.

그러나 그는 하나님으로부터 위대한 것을 기대하였다. 하나님께 서 그에게 주신 위대한 꿈을 마음에 품고 그 일을 위하여 자기의 삶 을 드렸다. 마침내 그 누구도 엄두를 내지 못하였던 인도 선교의 장 을 새롭게 열었다. 그 한 사람의 헌신으로 놀라운 생명의 역사가 시 작되었다.

THEY DID, WHY NOT ME?

하나님께서는 각 시대마다 절망적인 상황이 올 때면 게임체인저 를 사용하셨다. 패배와 멸망 바로 한 걸음 앞에서 아무것도 할 수 없는 상황에서, 하나님께서 투입하신 게임체인저들 덕분에 하나님의 백성들이 극적인 승리를 거두게 되었다. 수많은 게임체인저를 통하여 불꽃시대를 열어 오셨다.

아브라함을 통하여 이루시기를 원하셨던 비전은 이루어졌다. 요셉을 통한 하나님의 비전과 다윗에게 주신 하나님의 비전도 마침내 이루어졌다. 이것은 왔고 오는 세대들에게 주는 놀라운 메시지이다. 이들을 통해 하나님께서는 다음 시대들을 열어갈 세대들에게 확신을 심어 주시는 것이다. 누구든지 하나님의 비전을 가지면 그 비전은 이루어진다는 사실을 보여 주시는 것이다.

히브리서 11장의 수많은 믿음의 영웅들, 그들은 놀라운 역사를 이루었다. 그들은 모두 믿음의 선한 경주를 마치고, 그리고 그 바통을 우리들에게 넘겨 주었다. 그들이 그처럼 놀라운 역사를 이룬 것처럼 우리들도 이룰 수 있다. They did, 그들이 이루어 내었다. 그러면 Why not me, 우리는 왜 못한다는 말인가?

지금까지 살아왔던 믿음의 사람들, 그리고 교회 역사의 위대한 사람들을 통하여 이루신 하나님께서는 지금 이 시간에도 역사를 이루어 가신다. 그러므로 그들이 이루었다면 우리들도 얼마든지 새로운 불꽃시대를 열어 갈 수가 있다.

게임체인저들의 삶을 붙드시고, 그들을 도우시고 인도하신 이는 하나님이시다. 그들의 삶의 결론은 하나님이셨다. 놀라운 사실은 그 하나님께서 우리가 섬기는 하나님과 동일한 하나님이시라는 것이다. 하나님께서는 일을 지어 성취하시며, 일이 이뤄지기까지 멈추지 않으신다. 이 같은 하나님의 간섭이 수많은 게임체인저들의 삶에 나타났다.

비록 우리들에게는 소망이 없다고 할지라도, 하나님 안에 우리의 소망이 있다. 우리에게 소망의 이유들이 없다 해도, 하나님의 존재가 우리에게는 소망이다. 그러므로 하나님을 믿는 게임체인저여, 당당하게 나아가라! 이전의 게임체인저들이 행하였던 것들보다 더 강한 역사를 소망하도록 하자. 그리하여 전무후무한 영광의 시대를 열어가는 게임체인저로 남김없이 쓰임을 받자.

녹슬어 없어지기보다는, 닳아서 없어지기를

우리에게 주어진 시간은 다시는 반복되지 않는다. 단 한 번의 생애를 어떻게 살아야 하는가? 우리들이 살아갈 삶의 모습은 세상의 풍조에 수동적으로 끌려가는 생애가 아니다. 무기력하게 세속의 유행에 물들어 가는 삶이 아니다. 어두운 문화에 오염되어 가면서도 스스로 죽어 가는 줄도 모르는 생애가 아니다.

18세기의 위대한 설교자 '조지 휫필드George Whitefield'는 '녹슬어 없어지기보다는, 닳아서 없어지기를' 간구하였다. 자신의 삶을 번제를 드리듯 온전히 불태우는 게임체인저의 삶을 살아야 한다. 게임체인저의 삶을 살기를 원하는 한 사람이 놀라운 불꽃시대의 불씨가 된다.

이 소원이 단지 공허한 생각으로만 그친다면 암흑시대는 언제까지나 계속될 것이다. 지금 나의 자리에서 게임체인저로서 '완전연소의 삶'을 살아가는 것이 필요하다. 이 책을 읽는 모든 독자의 삶에 하나님께서 등불을 켜시며, 그 흑암을 밝혀 주시기를 소망한다.

주께서 나의 등불을 켜심이여
여호와 내 하나님이 내 흑암을 밝히시리이다.
<시편 18편 28절>

🔑 다섯 번째 열쇠 다듬기

1) 하나님의 게임체인저는 여분을 남기지 않는 전적 헌신의 삶을 살아간다.

2) 하나님의 게임체인저는 헛된 이상에 인생을 낭비하지 않는다.

3) 하나님의 게임체인저가 쏟은 헌신은, 단기간에 결산되는 것이 아니다. 거룩한 헌신이 허무한 결과로 이어져도, 결국은 의미 있는 역사로 이어진다.

4) 하나님의 게임체인저는 거룩한 낭비를 망설이지 않는다. 하나님을 감동시킨 사람을, 하나님께서는 감당 못할 상급으로 채워 주신다.

<내가 대답해야 하는 질문>

* 결국은 낭비에 불과했던 사건에 몰입했던 경험들 중에는 어떤 것들이 있는가?

_____

_____

* 나의 삶에서 무모해 보일 정도의 헌신을 한 경험은 어떤 것인가?

_____

_____

* 내가 알고 있는 거룩한 헌신은 어떤 것인가?

_____

_____

* 작은 수고들이 모여 놀라운 열매를 얻게 경험은 어떤 것인가?

_____

_____

* 내가 헌신하며 살고 싶은 날들을 기록해보기 *
(20년 후 나의 미래일기)

_____

_____

_____